Marko Roeske

111 Orte im Bayerischen Wald, die man gesehen haben muss

111

emons:

Bibliografische Information der Deutschen Nationalbibliothek
Die Deutsche Nationalbibliothek verzeichnet diese Publikation in der Deutschen Nationalbibliografie; detaillierte bibliografische Daten sind im Internet über http://dnb.d-nb.de abrufbar.

Gestaltung: Eva Kraskes, nach einem Konzept
von Lübbeke | Naumann | Thoben
Kartografie: altancicek.design, www.altancicek.de
Kartenbasisinformationen aus Openstreetmap,
© OpenStreetMap-Mitwirkende, ODbL
Druck und Bindung: Firmengruppe APPL – aprinta druck, Wemding
Printed in Germany 2014
ISBN 978-3-95451-328-4
Originalausgabe

Vorwort

Seit jeher gilt der Bayerische Wald, jenes urwüchsige Mittelgebirge im Osten des Freistaates, als ein eher vergessener Teil Bayerns. Durch den Eisernen Vorhang jahrzehntelang an den Rand der öffentlichen Aufmerksamkeit gedrängt, fristete die Region zwischen dem Oberpfälzer Wald im Norden und dem österreichischen Mühlviertel im Süden sowie zwischen der bayerischen Donau im Westen und der tschechischen Grenze im Osten ein regelrechtes Schattendasein. Doch auch bereits in früheren Zeiten führte der »schöne uncivilisirte Wald« (Friedrich Nietzsche) fernab der großen Städte immer schon eine Art Randexistenz und war häufig allenfalls Durchgangsstation auf den Handelswegen zwischen der Donau und Böhmen.

Die Menschen hat diese Abgeschiedenheit geprägt. Und auch wenn derartige Verallgemeinerungen natürlich nie zur Gänze stimmen können, hat sich im Bayerischen Wald doch ein ganz besonderer Menschenschlag entwickelt: So redet der bescheidene »Waidler« an sich im Allgemeinen nicht viel – oder eben nur, wenn er auch wirklich etwas zu sagen hat. Dann aber wird man sehr häufig Menschen entdecken, die von Grund auf herzlich und gastfreundlich sind – und oftmals entwaffnend direkt.

Heute leben die Einwohner des Bayerischen Waldes nicht mehr nur geografisch wieder mitten im Herzen Europas – eines grenzenlosen Europas. Mehr als anderswo weiß man hier zu schätzen, was dies bedeutet. Besonders einprägsam lässt sich diese Freiheit auf vielen Bergtouren im Osten oder Süden der Region erleben, bei denen sich häufig gar nicht mehr genau sagen lässt, in welchem Land man sich momentan befindet – weil es schlichtweg keine Rolle spielt.

So ist das bayerische Mittelgebirge mit seinen sanft geschwungenen Bergketten und unendlich dichten Wäldern am Ende nun doch noch zum grünen Mittelpunkt Europas geworden – es hat schließlich lange genug darauf gewartet.

111 Orte

1 Die Burg Altnußberg

Spätes Erwachen

Manche Dinge brauchen ihre Zeit – erst recht im Bayerischen Wald. So lag die Burg Altnußberg in der Nähe von Geiersthal fast ein halbes Jahrtausend in einer Art Dornröschenschlaf. 1469 von den Truppen Albrechts IV., Herzog von Bayern-München, nahezu komplett zerstört, sollte es über 500 Jahre dauern, bis ab 1983 die Überreste der Burg ausgegraben und wieder für die Öffentlichkeit zugänglich gemacht wurden.

Genaue Überlieferungen über den Zeitpunkt der Erbauung von Burg Altnußberg liegen nicht vor. Als ungefährer Anhaltspunkt aber dient eine Namensänderung auf historischen Urkunden: So wurde gegen Ende des 12. Jahrhunderts aus den ortsansässigen Herren zu Nußbach das Geschlecht derer zu Nußberg, was auf die Errichtung einer gleichnamigen Wehranlage schließen lässt. Die Nußberger dienten zu jener Zeit den Grafen von Bogen als sogenannte Ministeriale, also als Verwalter herrschaftlicher Güter im Range eines Rittergeschlechts.

Nach dem Erlöschen der Erblinie der Grafen von Bogen im Jahr 1242 fielen deren sämtliche Besitztümer den Wittelsbachern zu. Und auch die Ritter von Nußberg dienten fortan den neuen Herren. 1345 bauten sie schließlich auf der anderen Seite des Flusses Regen eine zweite Burg, folgerichtig Neunußberg genannt. Ihre alte Heimstatt verkauften sie indes an das Geschlecht der Degenberger.

Gute 120 Jahre später fanden sich beide Familien Seite an Seite mit anderen Rittern des Bayerischen Waldes im »Böcklerkrieg« gegen ebenjenen Albrecht IV. wieder. Wer in diesem Konflikt um Privilegien und Freiheitsrechte der Ritter letztlich die Oberhand behielt, lässt sich am Schicksal der Burg ablesen.

Heutzutage geht es in Altnußberg ungleich friedlicher zu. Der wiederaufgebaute Bergfried, das kleine Museum und die Burgschänke locken viele Besucher an. So ist also wieder Leben eingekehrt auf der Burg – auch wenn es 500 Jahre gedauert hat.

Adresse Auf dem Schloßberg 2, 94244 Geiersthal-Altnußberg | **Anfahrt** Von der B 85 bei Ayrhof Richtung Teisnach/Geiersthal abbiegen. Nach circa drei Kilometer liegt die Ortschaft Altnußberg dann linker Hand, ab dort ist der Weg zur Burganlage ausgeschildert. | **Öffnungszeiten** Die Ruine selbst ist das ganze Jahr über frei zugänglich, die Burgschänke (Tel. 09923/3099) ist von Ostern bis Ende Okt. geöffnet, jeweils Di–Fr 10–17 Uhr, Sa, So und an Feiertagen 10–18 Uhr. Während dieser Zeiten können dort tragbare Audio-Führer ausgeliehen werden, welche die Anlage und die Ausstellung im Museum näher erläutern. | **Tipp** Die »jüngere Schwester« der Wehranlage Altnußberg, die Burgruine Neunußberg, befindet sich circa eine Viertelstunde Fahrzeit entfernt auf der anderen Seite des Flusses Regen, etwas außerhalb der Stadt Viechtach. Schon von Weitem ist der massive Wohnturm mit seinem quadratischen Grundriss auszumachen.

2 Das WeltKunstMuseum

Das globale Dorf

Wie schon der Titel dieses Buches nahelegt: Es gibt Dinge im Leben, die man gesehen haben muss. Dies gilt auch und gerade in Sachen Kunst und Kultur.

Ob nun die weltberühmte Büste der Nofretete, die strahlende Goldmaske des Agamemnon oder etwa der in sich versunkene Denker von Rodin: Viel Zeit und Geld müsste man investieren, nach Berlin, Athen, Paris oder noch viel weiter reisen, wollte man auch nur die bedeutendsten Werke der menschlichen Kunst- und Kulturgeschichte mit eigenen Augen bestaunen. Oder man kommt nach Altrandsberg.

In diesem beschaulichen Örtchen im Landkreis Cham, genauer gesagt im dortigen altehrwürdigen Schloss, kann der Besucher eine kleine Welt- und Zeitreise antreten, die ihn die berühmtesten Kunst- und Kulturgegenstände der verschiedenen Länder und Epochen bestaunen lässt. Von der Steinzeit und der Eisenzeit erzählt die Sammlung, streift das Leben der Kelten, Skythen und Thraker und zeigt Stücke aus dem alten Ägypten, dem antiken Griechenland und dem Römischen Reich. Aus späteren Epochen vereint sie zudem Kunstwerke aus der Romanik, der Gotik, der Renaissance und dem Barock.

Die wichtigsten Zeugnisse der Weltgeschichte also zusammengetragen in einem kleinen Dorf im Bayerischen Wald? Zumindest fast: Denn natürlich handelt es sich bei den unzähligen Ausstellungsstücken um Replikate, also um originalgetreue Nachbildungen der historischen Kunstwerke. Zu verdanken sind diese der ortsansässigen Firma ARA Kunst. Denn neben modernen Kunstgegenständen – unter anderem zeichnet der Betrieb auch für die »Lola«, die schmucke Trophäe des Deutschen Filmpreises, verantwortlich – hat sich diese Werkstatt auf die Produktion von Museumsreplikaten spezialisiert. Von denen viele eben auch im WeltKunstMuseum zu bestaunen sind. Und dafür muss man nicht um den halben Globus reisen – ein Ausflug nach Altrandsberg genügt.

Adresse Schlossweg 1, 93468 Miltach-Altrandsberg | **Anfahrt** Von der B 85 bei Miltach (Viechtacher Straße) auf die Hauptstraße Richtung Konzell/Straubing fahren, dann nach einem guten Kilometer links in Richtung Untervierau/Altrandsberg. In Altrandsberg selbst liegt das Schlosstor linker Hand, zum Schloss führt ein kurzer Fußweg. | **Öffnungszeiten** Mai–Okt. So und an Feiertagen 14–17 Uhr, für Gruppen nach Vereinbarung, Anfrage bei der Gemeinde Miltach unter Tel. 09944/341512 | **Tipp** Auch im ein paar Kilometer entfernten Miltach, zu dem Altrandsberg seit 1972 offiziell gehört, existiert ein sehenswertes Schloss – bitte bei der Anfahrt nicht verwechseln. Neben der Töpferei und dem Schlossladen ist dieses vor allem auch durch seinen Jazzkeller bekannt.

3 Die Geiger-Mühle

Alles fließt

Verfolgte man in den letzten Jahren die hitzigen Debatten über das Für und Wider der erneuerbaren Energien, kam es einem bisweilen fast so vor, als handele es sich hierbei um gänzlich neue Technologien, die nun unter größten Schwierigkeiten eingeführt werden müssten. Dabei nutzen die Menschen die regenerativen Energien schon seit Jahrhunderten – nur nannte man sie früher schlichtweg noch nicht so.

Ein Beispiel hierfür ist die historische Geiger-Mühle am Arnbrucker Dorfplatz. Diese alte Roggenmühle bezog ihre Energie alleine aus der Wasserkraft des Arnbrucker Baches, die neben dem Getreidemahlen zudem noch ausreichte, um ein veritables Sägewerk anzutreiben. So diente die Mühle nicht nur den Bauern der Umgebung als Abnehmer für ihre Ernte, sondern versorgte die Region auch mit passgenau zugeschnittenem Bauholz. Über ebenso ausgeklügelte wie auch robuste Mechaniken wurde dabei die ungefilterte Kraft des Baches zielgerichtet auf die jeweiligen Instrumente im Inneren der Mühle übertragen.

Bis ins Jahr 1992 war die Geiger-Mühle in Betrieb, prinzipiell funktionstüchtig ist sie noch heute. Im Rahmen der Dorferneuerung liebevoll saniert, bildet das alte Gebäude heute zusammen mit dem 1996 eingeweihten Wittelsbacher Brunnen, der ebenfalls aus dem Arnbrucker Bach gespeist wird, einen echten Anziehungspunkt für Einheimische und Touristen.

Viele nutzen dabei die Möglichkeit, sich in der Mühle über die Technik der im Original erhaltenen Anlage und die Geschichte der Müllerei zu informieren. Manche kommen aber auch nur, um ein paar Minuten auf dem Bänkchen vor der Mühle zu sitzen, ein wenig innezuhalten und dem Bach beim Plätschern zuzuhören. Beides sieht man in Arnbruck gerne – zeigt es doch, dass sich der Aufwand, die Mühle und ihr Umfeld nicht nur zu erhalten, sondern zu einem echten Dorfmittelpunkt zu machen, auf jeden Fall gelohnt hat.

Adresse Wittelsbacher Straße 1, 93471 Arnbruck | **Anfahrt** Von der B 11 bei Regen oder Zwiesel oder der B 85 bei Viechtach in Richtung Arnbruck abbiegen, in Arnbruck selbst über die Zellertalstraße in Richtung Ortsmitte fahren. Die Geiger-Mühle liegt direkt an der zweiten Linkskurve. | **Öffnungszeiten** Das Gelände rund um die Mühle ist ganzjährig frei zugänglich, Besichtigungen der Mühle selbst – meist in Verbindung mit einer Ortsführung – können mit dem Tourismusbüro vereinbart werden unter Tel. 09945/941016. | **Tipp** Praktisch auf der anderen Straßenseite liegt das »Glasdorf Weinfurtner«, das wegen seiner parkähnlichen Anlage nicht nur für Glasfreunde zum beliebten Ausflugsziel geworden ist.

4 Das Waldschmidt-Denkmal

Ehre, wem Ehre gebührt

Eng verbunden war er mit seiner Heimat, der Schmidt Maximilian. So eng, dass der 1832 in Eschlkam geborene Heimatschriftsteller schon zu Lebzeiten mit dem offiziellen Beinamen »Waldschmidt« geehrt wurde. Viele seiner unzähligen Werke befassten sich dann auch mit dem Bayerischen Wald, mit dessen Landschaften und Bewohnern, später allerdings ebenso mit Geschichten aus seinem neuen Lebensmittelpunkt München und aus ganz Oberbayern. Neben seinem literarischen Wirken galt der 1848 vom bayerischen »Märchenkönig« Ludwig II. zum Hofrat ernannte Waldschmidt auch als »Erfinder« des Tourismuswesens in Bayern sowie des traditionellen Einzugs der Wiesn-Wirte auf das Münchner Oktoberfest.

Ursprünglich wohl ebenso zur Ankurbelung des Fremdenverkehrs gedacht war die Errichtung des imposanten Waldschmidt-Denkmals auf dem Großen Riedelstein, der mit 1132 Metern höchsten Erhebung des Kaitersberg-Höhenzuges. Und auch wenn der aus grob behauenen Steinen gefertigte Turm mit seinem charakteristischen Zeltdach und der darüber thronenden Steinkugel offiziell auf dem Territorium der Gemeinde Arrach steht, waren es doch in erster Linie umtriebige Bürger und Geschäftsleute aus dem benachbarten Arnbruck, die letztlich den Anstoß zur Verwirklichung des Bauwerkes gaben.

So wurde das Waldschmidt-Denkmal dann im Jahr 1909 offiziell eingeweiht, noch zu Lebzeiten des Geehrten zwar, aber doch zwei Jahre später als geplant – denn auch damals schon ließen Baugenehmigungen manchmal etwas länger auf sich warten.

Seitdem wacht es hoch droben auf dem Großen Riedelstein über den Bayerischen Wald, trotzt Wind, Wetter und diversen Blitzeinschlägen und tut, wie ihm geheißen: Es lockt zuhauf Wanderer und Touristen in jenen malerischen Winkel des Bayerischen Waldes rund um Arrach und Arnbruck. Der Waldschmidt wäre wohl ein bisschen stolz auf sich.

Adresse zwischen 93474 Arrach und 93471 Arnbruck | **Anfahrt** Über die B 20 oder B 85 nach Arrach oder über die B 11 oder B 85 nach Arnbruck, dann auf die Verbindungsstraße zwischen beiden Gemeinden. Den Hinweisschildern »Eck-Riedelstein« folgen. Bester Ausgangspunkt für eine Wanderung ist das Gasthaus Eck. | **Tipp** Auf rund 6.000 Quadratmetern Wasserfläche bringt es der Arracher Seepark, wobei hier nicht nur der Badespaß im Vordergrund steht, sondern auch Kulturveranstaltungen geboten werden. Ein Wassererkundungsweg informiert zudem über das Leben am und im Wasser des angrenzenden Reitbaches.

5 Die Whisky-Destillerie

Gerste und Malz, Gott erhalt's

Es fällt schwer, dem schlechten Wortspiel zu widerstehen: Doch wie sich herausgestellt hat, war es sicher keine »Schnapsidee« des Bad Kötztinger Destillateurs Gerhard Liebl, mitten im Bayerischen Wald einen echten Single Malt Whisky brennen zu wollen: den Coillmór.

Ausgerechnet in einer Gegend, die sonst eher für so erdverwachsene Spirituosen wie den Bärwurz oder den Blutwurz bekannt ist, in Konkurrenz treten zu wollen zu den Whisky-Klassikern aus Schottland oder Irland (auf der Grünen Insel übrigens mit »-ey« geschrieben: »Whiskey«) – das zeugt zumindest einmal von Mut. Aber wer weiß: Wenn man wie Liebl hier im »Großen Wald« – so die Übersetzung des aus dem Gälischen stammenden Namens seines Whiskys – aufwächst, gehört ein gewisses Maß an Kühnheit ja vielleicht schon zur charakterlichen Grundausstattung.

So entstehen in einem eher unscheinbaren Fabrikgebäude in Bad Kötzting heute jene honig- bis bernsteinfarbenen Single Malts, die man normalerweise eher mit einer nebelverhangenen schottischen Moorlandschaft oder der rauen irischen Meeresküste verbinden würde – und weniger mit den sanft geschwungenen Hügeln der südlichen Oberpfalz.

Doch eigentlich drängt sich der Bayerische Wald bei näherem Hinsehen geradezu auf für die Produktion dieses hochprozentigen Getränks: Das saubere Wasser der Region und die reine Luft bilden zusammen mit dem aromatischen bayerischen Gerstenmalz die optimale Grundlage für einen gelungenen Whisky. Die verschiedenen Holzfassarten verleihen jeder Abfüllung während der mehrjährigen Lagerzeit schließlich ihre ganz persönliche Note.

Und vielleicht wird man ja bald in gut sortierten Hotelbars und exklusiven Restaurants auf der ganzen Welt neben all den Ardbeg-, Laphroaig- und Bushmills-Flaschen auch einmal einen echten Coillmór im Regal stehen sehen – als hochprozentigen Gruß aus dem Bayerischen Wald.

Adresse Pfingstreiterstraße 5, 93444 Bad Kötzting | **Anfahrt** Von der B 85 kommend der Umgehungsstraße in Richtung Arnbruck folgen. Im ersten Kreisverkehr die zweite Ausfahrt (nach links), im zweiten Kreisverkehr die dritte Ausfahrt (nach links) in die Pfingstreiterstraße nehmen, nach circa 100 Metern liegt die Whisky-Destillerie dann auf der rechten Straßenseite (an den Bahngleisen). | **Öffnungszeiten** Führungen in der Whisky-Destillerie auf Anfrage unter Tel. 09941/1321, Ladengeschäft mit Probierstube in der Jahnstraße: Mo–Fr 9–18 Uhr, Sa 9–13 Uhr (Nov.–April) oder 9–16 Uhr (Mai–Okt.) | **Tipp** Wer der britischen Lebensart in Bad Kötzting nach einer Whiskyprobe kulinarisch treu bleiben möchte, für den empfiehlt sich ein Abstecher ins Victorian House in der Marktstraße. In klassisch englischem Ambiente kann der Gast hier seine »Tea time« genießen.

6 Das Schwellhäusl

Mitten im Urwald

Drumherum nur tiefer Wald: Wer im Schwellhäusl bei Bayerisch Eisenstein einkehren will, der muss es sich erst einmal verdienen. Gleich mehrere Wander- und Radwege führen durch die dunklen Urwälder des Nationalparks Bayerischer Wald quasi bis direkt vor die Tür des massiven Holzhauses. Eine sehr beliebte Variante ist dabei die Strecke direkt vom Bayerisch Eisensteiner Bahnhof, wo gerade in der Urlaubszeit viele Tagesausflügler ankommen. Bemerkenswert am Rande: Mitten durch das Bahnhofsgelände der 1.000-Seelen-Gemeinde verläuft die deutsch-tschechische Grenze, weswegen Bayerisch Eisenstein auch stets ein ganz besonderer Ort und stiller Zeitzeuge im nicht immer nur harmonischen Verhältnis der beiden Nachbarländer war.

Das Schwellhäusl selbst war anfangs nur ein schlichtes Rückzugsquartier für Waldarbeiter. Ende des 18. Jahrhunderts wurde die sogenannte Schmalzbach-Schwelle errichtet – eine Stauanlage, mit deren Hilfe das Holz über schmale Kanäle aus den umliegenden Wäldern bis zum Fluss Regen transportiert – also »getriftet« – wurde. Die Arbeiter, die diese schwere Tätigkeit ausübten, übernachteten dabei seit 1828 in einer kleinen Klause, aus der sich durch diverse Anbauten im Laufe der Zeit schließlich das Schwellhäusl entwickeln sollte.

Besonders viel Arbeit für die Trifter brachte das Jahr 1870: Durch einen Sturm wurden so viele Bäume umgeworfen, dass sich das zuständige Forstamt Zwiesel gezwungen sah, »Gastarbeiter« aus der Alpenregion anzuwerben – unter anderem auch einen gewissen Ludwig Lettenmaier aus Tirol. Dieser sollte später dann zum Verwalter des Schwellhäusls werden – und blieb schließlich für immer im Bayerischen Wald, wie auch die weiteren Generationen seiner Familie nach ihm. Und so bewirtschaftet nunmehr wieder ein Ludwig Lettenmaier, zusammen mit seiner Frau Alena, das beliebte Haus am Triftweiher – mittendrin im tiefen Wald.

Adresse Schwellhäusl 310, 94252 Bayerisch Eisenstein | **Anfahrt** am besten per Zug bis zum Bahnhof Bayerisch Eisenstein oder per Auto bis zu einem der Wanderparkplätze an der B 11 zwischen Ludwigsthal und Bayerisch Eisenstein, dann den Wanderwegen folgen | **Öffnungszeiten** täglich 10–18 Uhr (Tel. 09925/460), im Nov. Betriebsurlaub | **Tipp** Zur Geschichte des Grenzbahnhofs Bayerisch Eisenstein informiert eine Ausstellung im Bahnhofsgebäude. Zudem liegen das Localbahnmuseum (der ehemalige Lokschuppen) sowie die Galerie »Kuns(t)räume … grenzenlos« (das ehemalige Postamt) ganz in der Nähe.

7 Die Kirchen von Sankt Hermann

Architektonische Dreieinigkeit

Etwas Zeit braucht es. Nicht nur, um zu Fuß vom Ortskern der Gemeinde Bischofsmais die drei Gotteshäuser von Sankt Hermann zu erreichen, sondern auch, um seine Augen danach an die anfangs etwas seltsam anmutende Ansicht zu gewöhnen. Blickt der eifrige Wanderer vom Bänkchen am Waldweg dann aber eine Weile auf das einzigartige Dreier-Ensemble aus Einsiedeleikapelle, Brunnenkapelle und Wallfahrtskirche, geschieht etwas Merkwürdiges: Die drei so verschiedenen Baustile der Gebäude wirken auf einmal gar nicht mehr gegensätzlich, sie scheinen sich sogar fast zu ergänzen.

Um das Jahr 1322 soll der Laienbruder Hermann hier in der Wildnis eine kleine Hütte und eine Kapelle errichtet haben. Wenig später habe dann ein gewisser Degenhard, ebenfalls ein Laienbruder, in der Oberbreitenau eine weitere Kapelle gebaut, die allerdings im Dreißigjährigen Krieg zerstört wurde. Beide Geschichten vermischten sich im Laufe der Jahrhunderte, sodass Bruder Degenhard heute sowohl als Nachfolger Hermanns gehandelt wird als auch als wahrer Erbauer der Einsiedeleikapelle in Frage kommen könnte.

Sicher verbürgt ist in jedem Fall, dass die Kapelle schon nach wenigen Jahren zum Zielpunkt zahlreicher Wallfahrten wurde – und das über die Jahrhunderte auch blieb. 1611 wurde schließlich über einer Quelle die Brunnenkapelle gebaut, die große Wallfahrtskirche Sankt Bartholomäus folgte 1653/54. Im Jahr 1690 wurde die Einsiedeleikapelle schließlich komplett erneuert.

Zur Popularität der Hermanns-Wallfahrten dürfte früher sicherlich auch der Brauch des »Hirmonhopsens« beigetragen haben: Eine Holzfigur des Heiligen Hermann (»Hirmon«) wurde dabei vorsichtig angehoben (»gehopst«). Nickte der fromme Mann dabei mit seinem beweglichen Kopf, so galt dies als Zustimmung zu einem vorher geäußerten – und hoffentlich gut überlegten – Wunsch.

Adresse Sankt-Hermann-Weg 3–5, 94253 Bischofsmais | **Anfahrt** B 11 oder B 85 in Richtung Bischofsmais verlassen, im Ort selbst über die Hauptstraße in die Fahrnbacher Straße und dann rechts in die Dorfstraße einbiegen, danach zweite Abbiegung rechts in den Sankt-Hermann-Weg | **Tipp** Auf Anfrage bei der Touristikinformation unter Tel. 09920/940444 sind im Bischofsmaiser Baderhaus die Arbeitszimmer des Heimatdichters Max Peinkofer und seines Schwagers, des früheren Bischofs von Augsburg, Dr. Joseph Freundorfer, zu besichtigen. Auch die bekannte Bischofsmaiser Krippe ist hier in einer Dauerausstellung zu sehen.

8 Der Märchenwald

Geschichten aus dem Unterholz

Sehr nahe der tschechischen und nicht mehr allzu fern der österreichischen Grenze liegt auf knapp 1.000 Metern Höhe das kleine Bischofsreut, ein Ortsteil der Gemeinde Haidmühle. Hier am unteren Goldenen Steig – dem früheren Handelsweg zwischen dem Donautal und Böhmen – waren die dunklen Wälder rund um das Dorf in früheren Zeiten oft Rückzugsgebiet für Räuber, Schmuggler und allerlei anderes lichtscheues Gesindel, das die Grenzregion unsicher machte und so manchen ehrbaren Händler um sein Hab und Gut brachte.

Heute geht es im dichten Wald rund um Bischofsreut um einiges freundlicher, ja beinahe schon verspielt romantisch zu. Was sicherlich nicht nur daran liegen dürfte, dass die Zahl der düsteren Gestalten mittlerweile beträchtlich abgenommen hat, sondern natürlich in erster Linie auf den zauberhaften kleinen Märchenwald zurückzuführen ist, der bereits seit 1972 Urlauber und auch Einheimische zu einem Spaziergang einlädt. Entlang des Waldweges begegnen dem Besucher liebevoll nachgebaute Szenen aus vielen deutschen Märchen und Sagen. So trifft man hier unter anderem den Froschkönig, das Rumpelstilzchen oder die Bremer Stadtmusikanten und stößt auf Dornröschen, Aschenputtel und Schneewittchen. Und natürlich laufen den großen und kleinen Märchenfreunden auch Hänsel und Gretel über den Weg – was aber gerade hier im tiefen dunklen Wald wohl niemand ernsthaft verwundern dürfte.

Wer nach dem Rundgang noch etwas Energie übrig haben sollte, für den bietet sich der angrenzende Trimmpark zur weiteren sportlichen Betätigung an. Für weniger Ambitionierte dürfte aber vor allem die rustikale Grillstelle ein lohnendes Ziel darstellen, für die kleinen Besucher ist ein Spielplatz aufgebaut. Und sie werden es wohl auch sein, die von den Eltern am Abend dann noch einmal ein Märchen zum Einschlafen einfordern werden – die Auswahl war am Tage ja groß genug.

Adresse Langreut, 94145 Haidmühle-Bischofsreut | Anfahrt über die B 12 von Freyung bis kurz vor die tschechische Grenze, dann rechts abbiegen Richtung Bischofsreut/Haidmühle, in Bischofsreut links die Hauptstraße in Richtung Langreut verlassen und der Straße bis zum Märchenwald folgen | Öffnungszeiten Mitte Mai–Okt. frei zugänglich | Tipp Das KulturLandschaftsMuseum (KuLaMu) »Grenzerfahrung« zeigt anhand mehrerer Steige an verschiedenen Standorten im Grenzgebiet rund um den Ort Haidmühle das kulturelle Wirken des Menschen auf die ihn umgebende Landschaft.

9 Die Rißlochfälle

Wo wilde Wasser rauschen

Je weiter sich der tapfere Wandersmann vom Parkplatz am Rißlochweg nördlich von Bodenmais entfernt, desto mehr entrückt er der scheinbaren Sicherheit der Zivilisation. Und je näher er dem größten Wasserfall des Bayerischen Waldes kommt, desto lauter wird dessen Rauschen, das schon lange durch den dichten Urwald zu vernehmen ist, bevor man das reißende Wasser mit seiner sprühenden weißen Gischt überhaupt zu Gesicht bekommt.

Die Rißlochfälle – manchmal auch als Rieslochfälle bezeichnet, da streiten sich die Gelehrten – sind wohl eines der beeindruckendsten Naturschauspiele in ganz Bayern. Über mehrere Kaskaden stürzt das Wasser des Rißbaches, das sich aus vier kleineren Zuflüssen speist, zu Tal und legt hierbei insgesamt 55 Meter zurück – die höchste der fünf »Stufen«, die es überwindet, misst stolze 15 Meter. In Zeiten der Schneeschmelze und nach ergiebigen Regenfällen zeigt sich die unbändige Kraft des Wassers besonders eindringlich, wenn die Fälle mitgeführtes Holz und Geröll gen Tal transportieren und die Steine am Ufer den Wassermassen keine natürliche Begrenzung mehr bieten können.

Seit 1939 ist das Gebiet um die Rißlochfälle als Naturschutzgebiet ausgewiesen, urzeitliche Vegetation dominiert die Landschaft. Verschiedene Wege führen von Bodenmais aus zu den Fällen selbst – darunter ein »bequemer« und ein »steiniger«, die sich allerdings später wieder vereinen. Doch auch wer die bequemere Variante wählt, die nicht ganz so spektakuläre Ausblicke auf die Fälle bietet, sollte die Tour nicht mit einem Spaziergang verwechseln – zumindest an festes Schuhwerk muss gedacht werden.

Für viele Wanderer sind die Rißlochfälle allerdings nur eine Art Zwischenstation auf dem Weg zu höheren Weihen, sprich zum viel zitierten »König des Bayerischen Waldes«, dem Großen Arber, für dessen Ersteigung man bei guter Kondition aber noch etwa zwei Stunden länger braucht.

Adresse Rißlochweg, 94249 Bodenmais | Anfahrt von der B 11 oder der B 85 Richtung Bodenmais, dort dann in Richtung Bahnhof orientieren, die Schienen überqueren und im Rißlochweg bis zum Parkplatz fahren | Tipp Bis 1962 war Bodenmais noch eine Bergwerks- und Hüttenstadt. Das historische Besucherbergwerk gibt Einblicke in die schwere Arbeit unter Tage.

10 Der Bogenberg

Bayerische Farbenspiele

Nähert man sich mit dem Auto von München kommend in Richtung Bogen dem Bayerischen Wald, zeichnen sich die Bergketten des Bayerischen Waldes vor einem weißen Himmel zumeist in verschiedenen Blautönen am Horizont ab. Die weit entfernten Schwünge erscheinen noch in einem sanften Hellblau, während die Intensität der Farbe bei den näher gelegenen Erhebungen mehr und mehr zunimmt. Besonders dunkel – weil deutlich näher als die anderen Berge – präsentiert sich hierbei stets eine ganz besondere Anhöhe: der Bogenberg.

Wie wenn er schon zum Bayerischen Wald gehören wolle, dies aber noch nicht dürfe, steht dieser »Heilige Berg« der Niederbayern dem Mittelgebirge vorgelagert am Ufer der Donau. 118 Meter erhebt der Bogenberg sich über den Fluss und ist somit das schon von Weitem sichtbare Wahrzeichen von Bogen, der größten Stadt des Landkreises Straubing-Bogen (das größere Straubing selbst ist eine kreisfreie Stadt).

Besondere Bedeutung erlangte der Bogenberg – wie viele aus zwei Wörtern zusammengesetzte Ortsbezeichnungen im heimischen Dialekt übrigens auf dem hinteren Wortteil betont (»Bogen*berg*«) – vor allem als Marienwallfahrtsort, mit seiner Blütezeit im 15. und 16. Jahrhundert. Zum unverwechselbaren Profil des Berges gehörte auch damals schon die Pfarr- und Wallfahrtskirche Mariä Himmelfahrt aus dem Jahr 1436. Diese wohl älteste Marienwallfahrtskirche Bayerns ist für die Bewohner der Region so sehr mit dem Berg verbunden, dass der Begriff »Bogenberg« mitunter auch für die Kirche selbst gebraucht wird.

Darüber hinaus hat die Stadt Bogen noch ein weiteres »Wahrzeichen« zu bieten, das die Bekanntheit des Bogenbergs sogar noch weit übertreffen dürfte. Das weiß-blaue Rautenmuster des Freistaates Bayern entstammt nämlich ursprünglich direkt dem Wappen der einst mächtigen Grafen von Bogen. Müßig, darüber nachzudenken, was diese bei ihrer Farbauswahl wohl inspiriert haben könnte.

Adresse Bogenberg, 94327 Bogen | Anfahrt von der A3 Richtung Bogen/Straubing-Hafen abfahren, nach circa zwei Kilometern rechts zum Bogenberg abbiegen | Tipp Im Bogener Ortsteil Oberalteich befindet sich im historischen Ambiente einer alten Mühle das KulturForum, das seine Besucher mit Konzerten, Kabarett- und Kleinkunstabenden, Lesungen, Vorträgen, Seminaren und Ausstellungen lockt.

11 Die Villa Breitenberg

Traumhaus mit bewegter Vergangenheit

Bewundernde Blicke dürfte sie schon viele auf sich gezogen haben: die imposante Villa Breitenberg. Im Jahr 1907 bezog der Landarzt und spätere Sanitätsrat Dr. Alfred Koschminsky das mit vielen Jugendstilelementen erbaute Haus, das sich neben seiner architektonischen Schönheit vor allem auch durch seine durchdachte Funktionalität auszeichnete. Denn neben den Wohnräumen beherbergte die »Doktorvilla«, wie die Breitenberger das herrschaftliche Gebäude bis zum heutigen Tage nennen, eine komplette Praxis mit Operationsraum, Apotheke und sogar eigenen Krankenzimmern für bettlägerige Patienten.

Beliebt muss er gewesen sein, der Dr. Koschminsky, gerade weil er sich auch niemals zu fein war, bei Wind und Wetter mit der Pferdekutsche zu Hausbesuchen zu fahren – ein Landarzt mit Leib und Seele. Zudem fungierte der Mediziner auch als Gemeinderat und eine Zeit lang sogar als zweiter Bürgermeister.

Doch mit der Machtergreifung der Nationalsozialisten im Jahr 1933 änderte sich auch das Leben im beschaulichen Breitenberg – und für Dr. Koschminsky und seine Patienten. Als »Vierteljude« erlebte der Arzt nun vielerorts Diskriminierung, 1938 wurde er verhaftet und kam erst auf das Drängen renommierter Kollegen wieder auf freien Fuß. Im selben Jahr schloss er – von den ständigen Anfeindungen zermürbt – seine Praxis, behandelte aber einige Patienten noch weiter bis ins Jahr 1944, in dem er schließlich einem Nierenleiden erlag.

Nach dem Krieg wurde die Villa Breitenberg zunächst wieder als Arztpraxis geführt, später blieb das Haus über Jahre sich selbst überlassen. Mittlerweile ist wieder Leben eingekehrt: Wegen ihrer großzügigen Räumlichkeiten mit eigenem Atelier, des mediterran anmutenden Gartens und nicht zuletzt ihrer exponierten Lage – mit weitem Ausblick nach Böhmen und Österreich – ist die Villa heute ein beliebtes Seminar- und Tagungshaus für Kreative und Ruhesuchende.

Adresse Pausenweg 21, 94139 Breitenberg | Anfahrt von der B 12 über Waldkirchen und Jandelsbrunn bis Breitenberg, dort nach dem Kriegerdenkmal rechts zum Rathaus abbiegen, daran vorbei und vor der kleinen Kapelle rechts in den Pausenweg fahren (Seminar- und Tagungshaus: Tel. 08584/9894521) | Öffnungszeiten außer für Seminargäste nur von außen zu besichtigen | Tipp Direkt an der Villa führt der Witikosteig – benannt nach einer Romanfigur Adalbert Stifters – vorbei: ein Wanderweg, der auf den Spuren des Schriftstellers von Breitenberg über Schwarzenberg, das Rosenberger-Gut und das Böhmerwald-Denkmal zum Dreisessel führt.

12 Die Buchberger Leite

Urgewalt und Menschenhand

Nordwestlich von Freyung vereinigen sich Reschbach und Saußbach zur Wolfsteiner Ohe, die bei Fürsteneck in die Ilz mündet. Diese trägt ihr Wasser bei Passau in die Donau und macht die malerische Stadt zusammen mit dem Zufluss des Inns zur berühmten »Dreiflüssestadt«. Die Donau mündet schließlich nach langer Reise ins Schwarze Meer.

Auf seinem Weg zur Ilz durchfließt das Wasser allerdings vorher – zwischen den Gemeinden Ringelai und Freyung – ein einzigartiges Geotop in Form einer engen Felsenschlucht, die den rauschenden Wildbach in seine Bahnen lenkt: die Buchberger Leite. Von welchem der beiden Orte aus man diese sehenswerte Klamm am besten erkundet, deren Namen vom sagenumwobenen Rittergeschlecht der Buchberger (oder Puchberger) herrührt, da scheiden sich die Geister.

Keinen Zweifel kann es jedoch darüber geben, dass sich die rund dreistündige Entdeckungstour in jedem Falle lohnt: Neben der üppigen urzeitlichen Vegetation und den rauschenden Wasserspielen sind vor allem auch die Einblicke in die geologische Entstehungsgeschichte des Bayerischen Waldes – mit seinen durch enorme Schub- und Scherkräfte immer wieder neu entstandenen Gesteinsformationen – mehr als beeindruckend.

Bei aller landschaftlichen Schönheit der Buchberger Leite ist es aber vielleicht auch gerade die Brechung durch die von Menschen geschaffenen Eingriffe, die viel von der Faszination dieses Ortes ausmacht. So wurde etwa der Saußbach bei Freyung schon vor langer Zeit aufgestaut und treibt durch einen unterirdischen Stollen ein Kraftwerk an. Fast schon anachronistisch wirkt auch das imposante Carbidwerk an der Wolfsteiner Ohe, das heute zwar keinen Brennstoff für Gaslampen mehr produziert, dafür aber künstliche Edelsteine. Daher lässt sich bei einer Wanderung durch die Buchberger Leite neben der urwüchsigen Natur immer auch ein Stück menschlicher Kulturgeschichte erleben.

Adresse zwischen 94160 Ringelai und 94078 Freyung | **Anfahrt** über die B 12 oder B 533 nach Ringelai, dort über die Hauptstraße (Dorfstraße) in den Leithenweg, der parallel zur Wolfsteiner Ohe verläuft, oder über die B 12 Richtung Freyung, durch den Stadtteil Ort und nach etwa einem Kilometer links in die Zuppinger Straße einbiegen (Parkplatz), dort zu Fuß weiter über Hammer zum Stausee | **Tipp** Der heutige Freyunger Ortsteil Kreuzberg liegt auf einem baumlosen Kegel nördlich der Kreisstadt. Er gilt mit seinen radial ausgerichteten Hufen (Gehöften) als typisches Beispiel für die Baustruktur eines sogenannten Waldhufendorfes.

13 Die Schachten

Lichte Inseln im Wald

Der Bayerische Wald bildet gemeinsam mit dem Böhmerwald auf tschechischer Seite das größte Waldgebiet in Mitteleuropa. Von seinen höchsten Bergen streift der Blick über Millionen von Bäumen. Die sich überschneidenden, gleichmäßig und sanft geschwungenen Hügel erinnern nicht von ungefähr häufig an die wogenden Wellen eines bewegten Meeres.

Und doch finden sich in diesem »Ozean« auch immer wieder kleine Inseln, die sich deutlich abheben von der dunklen Eintönigkeit des Waldmeeres. Schachten nennt man diese lichten Flecken in über 1.000 Metern Höhenlage, die von den Bauern aus dem dichten Baumbestand herausgeschlagen wurden, um Weideflächen für ihr Vieh zu schaffen. Vor über 400 Jahren begann die Anlage dieser Kulturlandschaften, und auch wenn schon lange keine Viehwirtschaft mehr auf ihnen betrieben wird, gelten die Schachten immer noch als fast magische Anziehungspunkte – heutzutage allerdings eher für Wanderer.

Wahrscheinlich auch deswegen, weil es sich noch so gut nachvollziehen lässt, welch hartes Leben es hier oben auf den weitläufigen Lichtungen war, das Mensch und Tier gemeinsam zu bestehen hatten. Einzelne frei stehende Bäume, die heute in bizarren Formen erscheinen, dienten früher zum Schutz vor gleißender Sonne oder starkem Regen. Doch nicht nur gegen Wind und Wetter mussten sich die Hüter und die Herden wappnen, sondern sich auch vor so manchem wilden Raubtier schützen.

Als Ausgangspunkt für eine Wanderung zu den Schachten im Grenzgebiet eignet sich Buchenau, etwas nordwestlich des Trinkwasserspeichers Frauenau gelegen. Der größte und wohl älteste Schachten ist jedoch der weiter nördlich und bereits jenseits des Großen Falkensteins liegende Ruckowitzschachten, dessen klangvoller, aber auch etwas irritierender Name wahrscheinlich auf den Übertragungsfehler eines Landvermessers zurückgehen dürfte. Zuvor hieß er nämlich schlicht: Rückenwiesschachten.

Adresse 94227 Lindberg-Buchenau | **Anfahrt** von der B 11 bei Zwiesel Richtung Frauenau fahren und dann auf halber Strecke links nach Buchenau abbiegen, dort den Wanderparkplatz ansteuern | **Tipp** Das sehenswerte Schloss Buchenau mit seiner parkähnlichen Gartenanlage lockt viele Besucher zu seinen Märkten und Kulturveranstaltungen.

14 Der Hirschpark

Einzigartig wild

Vier Buchets gibt es im Bayerischen Wald – mindestens. Aber nur eines hat einen echten Hirschpark zu bieten. Und um Verwechslungen gleich von vornherein auszuschließen: Gemeint ist der kleine Ortsteil der Gemeinde Bernried im Landkreis Deggendorf.

Rund um den Wild-Berghof der Familie Gstettenbauer erstreckt sich das weitläufige Gelände des Bucheter Hirschparks und beherbergt einen im Bayerischen Wald einzigartigen Wildbestand. In Rudeln von bis zu 20 Tieren leben die verschiedenen Hirscharten auf den ausgedehnten Wiesen und in den dichten Wäldern rund um den Hof. Und dass Hirsch nicht gleich Hirsch ist, das wird dem Beobachter bei einer Umrundung des Parks auf dem mit Hinweistafeln versehenen Wanderweg schnell klar. So lassen sich in Buchet prachtvolle Rotwildrudel bewundern, wie sich ebenso das etwas kleinere Damwild auf den Lichtungen zeigt. Auch der ursprünglich aus Ostasien stammende Sikahirsch, der in Gewicht und Größe in etwa dem europäischen Damhirsch entspricht, lässt sich gut beobachten. Leichter zu unterscheiden als die verschiedenen Hirscharten ist in jedem Fall das Muffelwild mit seinen charakteristisch gebogenen Hörnern.

Auch um einen kleinen Einblick in die Jägersprache wird man bei einem Besuch in Buchet nicht ganz herumkommen: So wird beim Waidmann zum Beispiel das Fell zur Decke und der Schwanz zum Wedel, die Augen werden zu Lichtern und die Ohren zu Lauschern (oder Lusern).

Sprachliche Feinheiten der ganz anderen Art und musikalische Leckerbissen gibt es häufig im Wild-Berghof selbst zu bewundern. Denn neben dem Gasthaus mit seinen (natürlich) Wildspezialitäten und dem hauseigenen Marktverkauf hat sich der Hof auch als beliebter Veranstaltungsort für Kleinkunst und Kabarett etabliert. Dies alles gibt es inmitten des weitläufigen Hirschparks im kleinen Buchet zu erleben – aber eben nur in dem einen bei Bernried.

Adresse Buchet 2, 94505 Bernried-Buchet | Anfahrt von der B 11 nördlich von Deggendorf nach Egg abbiegen und von dort über Edenstetten nach Buchet | Öffnungszeiten Hirschpark: täglich 8–20 Uhr, Wild-Berghof: täglich 10–24 Uhr (Tel. 09905/248) | Tipp Mit knapp 1.100 Metern und dem gemauerten Aussichtsturm bietet der Hirschenstein in der Nähe von Buchet einen einzigartigen Fernblick sowohl auf die Donauebene bis zum Alpenrand als auch auf die Bergwelt des Bayerischen Waldes.

15 Der alte Steinbruch

Die Zeit heilt alle Wunden

Weit haben sie es wirklich nicht bis in ihr eigenes Naherholungsgebiet, die Einwohner des ruhigen Ortes Büchlberg im Landkreis Passau. Auf einer Kuppe nur unweit des Marktplatzes liegt das sogenannte Bergholz, ein urwüchsig erscheinendes Waldgebiet mit dichtem Baumbestand und eigenem See.

Dabei ist es gerade einmal 40 Jahre her, dass auf dem Bergholz das blanke Gestein dominierte – was für einen Steinbruch aber auch nicht gerade ungewöhnlich ist. Denn als solcher fungierte das heutige Naturdenkmal 100 Jahre lang und verschaffte dem kleinen Ort überregionales Renommee und Arbeit. Aus Büchlberger Granit wurden Pflastersteine und Treppenstufen, Türstöcke und Schotterstraßen hergestellt. Das begehrte Material wurde in vielen repräsentativen Gebäuden verbaut, so beispielsweise im Nürnberger Hauptbahnhof, im Königsberger Opernhaus und im berühmten Kaufhaus Wertheim in Berlin. Zu seinen besten Zeiten beschäftigte der Steinbruch 250 Angestellte und besaß sogar seine eigene Steinhauerschule.

Als der Granitabbau am Bergholz dann Anfang der 1970er Jahre endete, hinterließ der Steinbruch ein riesiges Loch in der Bergkuppe, das sich nach und nach mit Wasser füllte – so entstand der heutige See mit seinen charakteristischen steil abfallenden Felswänden. Die Natur eroberte sich also im Laufe der Jahre schrittweise das Terrain zurück, das die Menschen ihr in den 100 Jahren zuvor so mühevoll abgerungen hatten. Und bereits 1984 wurde das Bergholz als Naturschutzgebiet ausgewiesen.

Heute dominiert üppiger Wald das zehn Hektar große Naturdenkmal, und viele Tierarten haben hier einen neuen Lebensraum gefunden. Kaum noch etwas erinnert an die einstige Verwendung des Bergholzes – die Wunden, die der Mensch der Natur einst zugefügt hat, schließen sich mit der Zeit. Und Zeit scheint man im beschaulichen Büchlberg tatsächlich eine Menge zu haben.

Adresse Bergholzstraße, 94124 Büchlberg | **Anfahrt** von der B 12 Richtung Büchlberg abbiegen und immer geradeaus über die Hutthurmer Straße bis zum Marktplatz fahren (Parkmöglichkeiten), von dort geht es zu Fuß über die Kinderheimstraße bergauf, dann rechts in den Oberen Steinweg oder ein wenig später in die Bergholzstraße | **Tipp** Etwas filigraner als auf dem Bergholz geht es im Büchlberger Kaffeekannenmuseum zu. Daneben sind in weiteren Ausstellungsräumen auch Puppen und Jagdtrophäen zu besichtigen.

16 Die Brücke

Ein filmisches Denkmal

Darf man ein Kapitel nur mit »Die Brücke« überschreiben? Ohne dazuzusagen, welchen Namen diese trägt oder zumindest, über welchen Fluss sie führt?

Man darf, denn bei diesem Bauwerk handelt es sich tatsächlich um »Die Brücke« aus dem gleichnamigen Antikriegsfilm von 1959. Zumindest beinahe: Die originale Florian-Geyer-Brücke über den Kleinen Regen, die damals als Drehort für Bernhard Wickis epochales Werk diente, wurde wegen Baufälligkeit 1991 abgerissen und 1995 durch eine neue ersetzt. Ein stilisierter Zelluloidstreifen mit Szenen aus dem Film ziert seit 1999 den neu errichteten Übergang zur Erinnerung an die Dreharbeiten.

Das für einen Oscar nominierte und mit einem Golden Globe ausgezeichnete Werk erzählt in drastischen, oftmals verstörend schonungslosen Bildern von einer Handvoll Jungen, die in den letzten Tagen des Zweiten Weltkrieges eine militärisch unbedeutende Brücke gegen die vorrückenden Amerikaner verteidigen sollen. Nur selten zuvor wurden in einem Film die Schrecken des Krieges so eindringlich geschildert, nur selten danach erregte ein deutscher Film auch international so großes Aufsehen wie »Die Brücke«. Neben später so bekannten Schauspielern wie Fritz Wepper, Volker Lechtenbrink oder Günter Pfitzmann war in einer kleinen Rolle übrigens auch ein gewisser Vicco von Bülow (alias Loriot) zu sehen.

Eine Hauptrolle spielte in diesem Film aber in jedem Fall die Stadt Cham. Neben der Florian-Geyer-Brücke rückten auch andere Bauten der Kreisstadt in den Sucher der Filmkamera, so etwa das bekannte Biertor oder die ehemalige Oberrealschule, heute das Joseph-von-Fraunhofer-Gymnasium. Auch die Doppeltürme des Maria-Hilf-Klosters sind bei den Kampfszenen immer wieder im Hintergrund zu erkennen. So hat Regisseur Bernhard Wicki mit »Die Brücke« nicht nur sich und der Nachwelt, sondern auch der Stadt Cham ein filmisches Denkmal gesetzt.

Adresse Adolph-Kolping-Straße, 93413 Cham | **Anfahrt** von der B 20 kommend weiter geradeaus Richtung Cham-Innenstadt fahren, nach dem Kreisverkehr die erste Straße links in die Prälat-Wolker-Straße einbiegen, dann rechts in die Adolph-Kolping-Straße und dieser bis zur Brücke folgen | **Tipp** Ein paar Meter vom stadteinwärts gelegenen Ende der Florian-Geyer-Brücke entfernt befindet sich das historische Armenhaus, das im Film ebenfalls eine Rolle spielt. Heute dient das Gebäude als Museum, das die Geschichte und die Arbeiten der regionalen Künstlergruppe SPUR (1957–1965) zeigt.

17 Der Friedrich-Nietzsche-Weg

Die fröhliche Wanderschaft

Zu dem Philosophen Friedrich Nietzsche mögen dem geneigten Leser viele Assoziationen einfallen. Das Wandern gehört vermutlich eher nicht dazu – noch weniger wohl der Bayerische Wald. Und doch dürfte gerade die Erkundung eben dieses urwüchsigen Mittelgebirges den weiteren Lebensweg des deutschen Geistesriesens entscheidend mitgeprägt haben.

Gemeinsam mit seinem Freund und Kommilitonen Erwin Rohde durchstreifte der damals 22-jährige Nietzsche im Jahr 1867 nach erfolgreichem Philologie-Studium den »schönen uncivilisirten Wald«. Rohde, in späteren Jahren ebenfalls ein bekannter Altphilologe, hielt die Eindrücke der beiden Studenten dabei in blumigen Tagebucheinträgen fest.

Seit dem Jahr 2006 erinnert der Friedrich-Nietzsche-Weg auf den Lamberg bei Chammünster nun an den großen Philosophen und dessen Tour durch den vermeintlichen »Räuberwald«. Auf liebevoll gestalteten Schautafeln erfährt der Wanderer sowohl wissenswerte Details aus dem Schaffen des großen Philosophen als auch so manch unterhaltsame Anekdote aus dessen Leben. Die fünf Kilometer lange Strecke führt über die alte Wallfahrtsroute und den Franzosenweg hinauf zur Kirche Sankt Walburga auf dem Lamberg. Über den Predigtstuhl weist eine Forststraße wieder den Weg hinunter zum Schwarzen Brunnen und zum Teufelstritt und endet schließlich am Ödenturm der mittelalterlichen Burgruine Chameregg.

Ob es die beeindruckende Wildheit der Natur oder eher die des Menschenschlages dieser Region – laut Rohde »so wild wie Kalabresen, Sardinier und Korsen« – war, die Nietzsche später über Gott und die Welt nachdenken ließ, ist nicht eindeutig überliefert. Möglich immerhin wäre es – fand sich doch auf einem Zettel in seinem Nachlass der vielsagende Satz: »Im baierischen Wald fieng es an …«

Adresse Lamberger Straße, 93413 Cham-Chammünster | **Anfahrt** über die B 20 von Cham nach Chammünster, gegenüber der Kirche in die Pfarrer-Mandl-Straße (Beschilderung »Lamberg«), nach dem Sportplatz links in die Lamberger Straße und der Beschilderung »Parkplatz Friedrich-Nietzsche-Weg« folgen | **Tipp** Bekannt ist Chammünster in erster Linie durch seine doppeltürmige Kirche Maria Himmelfahrt, die als Urpfarrei des Oberen Bayerischen Waldes sogar in stilisierter Form das Wappen des Landkreises Cham ziert. Interessant ist auch der Karner (das Beinhaus), der sich in der nordöstlichen Ecke des Friedhofes befindet.

18 Der Knödelwerferin-Brunnen

Gehaltvolle Gegenwehr

Manche Geschichten sind einfach zu gut, um sie mit Fakten zu widerlegen. In diesem Dilemma stecken auch die Deggendorfer – und das nun schon über 700 Jahre lang.

Als im Jahr 1266 Ottokar von Böhmen durch das heutige Ostbayern zog und der Bevölkerung Tod und Verderben brachte, verschanzten sich die Deggendorfer hinter ihren hohen Stadtmauern. Die böhmischen Soldaten belagerten die Stadt an der Donau über Wochen, ohne dass sich Entscheidendes tat. Die tapferen Deggendorfer indes waren immer auf einen Überraschungsangriff eingestellt und verließen ihre Verteidigungsstellungen auf der Stadtmauer daher noch nicht einmal zum Essen, sondern wurden von ihren Ehefrauen direkt vor Ort versorgt. Als es einem böhmischen Kundschafter einmal kurz gelang, die Stadtmauer zu erklimmen, um einen schnellen Blick in die belagerte Stadt zu werfen, traf ihn ein dicker Knödel mitten ins Gesicht – geworfen von einer ebenso aufmerksamen wie beherzten Deggendorferin. Der feindliche Spion berichtete noch am selben Tag seinem Heerführer Ottokar von dem Vorfall. Als dieser hörte, dass es sich die Deggendorfer trotz Belagerung sogar noch leisten konnten, mit Knödeln um sich zu werfen, sah er die Sinnlosigkeit seiner Pläne ein und zog mit seinen Truppen ab.

In Erinnerung an die wurfgewaltige Bürgerin, welche die Stadt vor der Einnahme durch die Böhmen bewahrt hatte, steht in der Altstadt nun der Knödelwerferin-Brunnen.

In Wahrheit ist Deggendorf aber wohl nie von den Böhmen belagert worden, jedenfalls liegen keine schriftlichen Zeugnisse darüber vor. Seinen Ruf als »Knödelstadt« hat Deggendorf daher eher einem respektlosen Durchreisenden zu verdanken, der die mittelalterlichen Strafinstrumente am Rathaus (»Schandkugeln«) schlicht als »Knödel« bezeichnet hatte. Was aber nun wirklich keine gute Geschichte wäre.

Adresse Schlachthausgasse (Altstadtviertel), 94469 Deggendorf | **Anfahrt** Über die A 92 in Richtung Deggendorf-Innenstadt, dann über die Bahnhofstraße links in den Westlichen Stadtgraben. Dort steht der Brunnen rechter Hand in der Schlachthausgasse (Parkmöglichkeiten auf der anderen Straßenseite am Westlichen Stadtgraben). | **Tipp** Neben der historischen Altstadt ist auch das denkmalgeschützte Schiffmeisterhaus an der Donau als Informations- und Ausstellungsgebäude über die Wasserwirtschaft einen Besuch wert.

19 Die Glasgalerie Herrmann

Zerbrechliche Leidenschaft

Drei Dinge prägen den Bayerischen Wald seit jeher: Wasser, Wald und Berge. Doch gibt es noch ein viertes – von Menschenhand geschaffenes – »Element«, das seit Hunderten von Jahren für das ostbayerische Mittelgebirge steht: Es ist das Glas. Dass dieser Werkstoff für den Bayerischen Wald dabei immer mehr war als reines Rohmaterial für Fenster oder Trinkgefäße, sondern stets auch der Stoff für große Kunst und Ausdruck eines ganz eigenen Kulturverständnisses, davon zeugen die zahlreichen Galerien, die sich in der Region zwischen der Cham-Further Senke und der deutsch-österreichischen Grenze diesem besonderen Material verschrieben haben.

Eine dieser Kunststätten ist die Glasgalerie Herrmann im kleinen Drachselsried. Von außen lässt zunächst einmal nichts an dem einfachen Wohnhaus darauf schließen, welche Schätze sich in den Schauräumen im Inneren verbergen. Betritt man dann aber die Galerie, ist man sehr bald von den unerwartet vielseitigen Ausdrucksformen dieses auf den ersten Blick so einfachen Werkstoffes gefangen.

Ganz am Anfang der eigenen Leidenschaft standen für Hans Herrmann und seine Frau Gertraud dabei die Glasskulpturen von Erwin Eisch, des so vielseitigen Künstlers aus Frauenau. Im Laufe der Jahre wurde die Sammlung gläserner Kunstobjekte dann buchstäblich Stück für Stück größer und gipfelte fast folgerichtig in der Gründung der eigenen Galerie im Jahr 1977. Neben regionaler Kunst verbreiterte sich das Angebot allmählich auf ganz Deutschland, Europa, die USA und schließlich auf Objekte aus der ganzen Welt. Maßgeblich daran beteiligt waren dabei Künstler aus der sogenannten Studioglasbewegung, von denen viele auch zu Studienzwecken in den Bayerischen Wald kamen. Dadurch gelangte die Galerie der Herrmanns in den Fokus auch der ausländischen Presse und machte das kleine Drachselsried so zu einer festen Größe in der internationalen Glaskunst-Szene.

Adresse Poschinger Straße 12, 94256 Drachselsried | **Anfahrt** über die B 85 entweder ab Viechtach über Arnbruck oder ab Patersdorf über Teisnach Richtung Drachselsried, dort über die Bergener Straße und ein kurzes Stück über die Zellertalstraße links in die Poschinger Straße einbiegen | **Öffnungszeiten** täglich 9–12 Uhr und nach Vereinbarung unter Tel. 09945/395 | **Tipp** Das Scharebengebiet nördlich von Drachselsried bietet eine sehr reizvolle Landschaft mit vielen Aussichtspunkten und eine vom örtlichen Wald-Verein betriebene Hütte.

20 Das Schloss Egg

Im Wandel der Zeit

Wer auf der Suche nach einem romantisch-verspielten Märchenschloss ist, der sollte ruhig ins Allgäu fahren und das Schloss Neuschwanstein besuchen. Wem aber der Sinn mehr nach einer schaurig-schönen alten Ritterburg steht, der muss sich nach Niederbayern ins Schloss Egg bei Bernried begeben. Was sich wohl auch die Produzenten der Kinderfilme »Bibi Blocksberg« und »Fünf Freunde« gedacht hatten, die das prächtige Gebäude als Kulisse für ihre Geschichten wählten.

Offiziell als Schloss firmiert Egg übrigens erst seit Mitte des 19. Jahrhunderts, als umfangreiche Baumaßnahmen aus der unwirtlichen Burg ein Wohnschloss machten. Dem rustikalen Charakter tat dies aber keinen Abbruch, denn gerade mit seinem imposanten Burgturm – übrigens dem höchsten in ganz Bayern – wirkt das imposante Schloss Egg fast schon wie das Klischeebild einer mittelalterlichen Festung.

Ursprünglich entstand jedoch zunächst – wohl im 5. Jahrhundert – an dieser Stelle eine sogenannte Motte, also eine Erdhügelburg aus Holz, ehe diese im 11. Jahrhundert ein steinernes Gewand erhielt. Ungefähr aus dieser Zeit stammt auch die erste urkundliche Erwähnung als Wasserburg und ein erster Hinweis auf den heutigen Namen: Besitzer war nämlich ein gewisser Thiemo von Ekke, der Stammvater des späteren Rittergeschlechts derer von Eckh.

Nachdem diese Familienlinie 1403 ausgestorben war, wechselten im Laufe der Jahrhunderte häufig die Besitzer, im Dreißigjährigen Krieg brandschatzten die Schweden die Burg. Der Umbau zu einem bewohnbaren Schloss erfolgte von 1838 bis 1842 durch Graf Joseph von Armansperg, den damaligen bayerischen Finanzminister.

1939 kaufte schließlich Konsul Josef Maximilian Hartl das Schloss, dessen Familie es heute noch bewohnt und bewirtschaftet. Im Gebäude selbst ist ein Museum untergebracht, im ehemaligen Burgstall das Schlosshotel und ein Restaurant.

Adresse Egg 2, 94505 Bernried-Egg | Anfahrt von der A3 Regensburg–Passau an der Ausfahrt Metten/Egg in Richtung Metten, dort in der Ortsmitte Richtung Kalteck/Egg | Öffnungszeiten Schloss und Museum: April, Okt. So, Feiertage 10–16 Uhr, Mai, Sept. täglich 10–16 Uhr, Juni–Aug. täglich 10–17 Uhr, Gruppenanmeldungen unter Tel. 09905/8001; Restaurant »Burgstall«: Mi, Do ab 17 Uhr, Fr–So, Feiertage ab 11.30 Uhr, Reservierungen unter Tel. 09905/289 | Tipp Ein weiteres Schloss in Privatbesitz steht in der Nähe in Offenberg. Es beherbergt die Europäische Akademie für Kultur und Gesellschaftsfragen und ist häufig Schauplatz kultureller Veranstaltungen.

21 Das Gut Aiderbichl

Vom Wert der Würde

Gut Aiderbichl ist mehr als ein einzelnes Anwesen, der Name steht vielmehr für eine Idee. Und so gibt es viele Aiderbichls – bisher in Deutschland, Österreich, der Schweiz und Frankreich. Drei davon können täglich besucht werden: der Stammsitz in Henndorf bei Salzburg, von dem auch der Name herrührt, das Gut in Iffeldorf bei München und eben auch der Hof im Bayerischen Wald – genauer gesagt im kleinen Eichberg, einem sehr ländlich gelegenen Stadtteil von Deggendorf.

Der gebürtige Augsburger Michael Aufhauser machte im Jahr 2000 im österreichischen Henndorf das ursprüngliche Gut Aiderbichl zu einem Gnadenhof für Tiere, die hier, zumeist aus Notsituationen befreit und gerettet, einen würdevollen Lebensabend verbringen durften – und dies auch ohne noch in irgendeiner Form für den Menschen »nützlich« oder »wertvoll« sein zu müssen. Und bald war klar: Es sollte nicht bei dem einen Standort in Österreich bleiben.

Das Eichberger Gut existiert in seiner jetzigen Form seit 2006. Auf den weitläufigen Koppeln traben die Pferde, die zutraulichen Esel holen sich von den Besuchern ihre Streicheleinheiten, und auch die frei laufenden Ziegen haben eigentlich keinen Grund zum Meckern. Über 300 Tiere leben auf dem Gut, zwei Eichberger Besonderheiten sind dabei die »Katzenvilla« und die Großvoliere für Tauben.

Auf Gut Aiderbichl geht es rustikal zu, so wie es sich für einen echten Hof gehört. Dazu passt, dass jede künstliche Attitüde im Umgang mit den Tieren fehlt – hier leben diese mit den Menschen, aber sie werden dabei nicht vermenschlicht. Und man lässt ihnen ihre Würde – und ihren Willen. Was im Einzelfall auch schon einmal bedeuten kann, dass der Besucher einen kleinen Schlenker machen muss, weil ihm zwei störrische Esel im Weg stehen – und auch auf gutes Zureden gar nicht daran denken, Platz zu machen. Aber schließlich ist es ja auch ihr Zuhause.

Adresse Eichberg 26, 94469 Deggendorf-Eichberg | **Anfahrt** von der A 3 Regensburg–Passau an der Ausfahrt Hengersberg abfahren in Richtung Deggendorf, in Seebach in Richtung Eichberg abbiegen (über die Eichberger Straße), dort den Ort durchfahren, kurz vor dem Ortsende liegt auf der linken Seite Gut Aiderbichl | **Öffnungszeiten** täglich 9–18 Uhr | **Tipp** Am Geiersberg beleuchtet ein Lehrpfad naturkundliche, aber auch geschichtliche Hintergründe des Deggendorfer Stadtwaldes. So ist an historisch verbürgter Stelle zum Beispiel wieder ein kleiner Weinberg angelegt worden.

22 Der Kunstwanderweg

Europa gestalten

Eine Landebahn besitzt das nahe der tschechischen Grenze gelegene Eschlkam nicht. Die rot-weißen Windsäcke, die man sonst von Flughäfen her kennt und die in zwei Reihen etwas außerhalb der kleinen Gemeinde verlaufen, haben einen anderen Hintergrund.

Europa ist das Thema aller Kunstwerke, die auf dem Eschlkamer Kunstwanderweg 2001 von deutschen und tschechischen Künstlern geschaffen wurden. Die Windsäcke des Ivan Kafka mit ihrem der Landschaft folgenden Verlauf symbolisieren zum Beispiel die Anpassung beider Völker an das Leben hier in der Grenzregion. Wobei nur eine Reihe wirklich in einer geraden Linie verläuft, die andere beschreibt einen leichten Zick-Zack-Kurs. Dies soll den unterschiedlichen Weg der beiden Länder Deutschland und Tschechische Republik in die europäische Gemeinschaft verdeutlichen.

Mit dem »Haus Europa« beschäftigt sich Vaclav Blaha. Sein Haus – oder besser seine umgedrehte Pyramide – ist eine offene Stahlgitterkonstruktion, die für ein freies und eben offenes Europa stehen soll, das aber in seinen Grundfesten stabil verankert ist. Die Pyramide ist innen an der Nord- und der Südwand mit Bildern deutscher und tschechischer Schulkinder bemalt und in Ost-West-Richtung durch einen Spalt geöffnet.

Diese beiden Monumente dominieren den Kunstwanderweg alleine schon aufgrund ihrer Größe. Dabei tragen auch die kleineren Werke eine enorme Symbolkraft für das neue Europa in sich. Veronika Schagemanns »Der Vogel fliegt« zeigt die Willkürlichkeit von Grenzziehungen, und Peter Mayer stellt mit »Bruder Mond und Schwester Sonne« (nach dem Sonnengesang des Franz von Assisi) die Abhängigkeit aller Menschen von den Naturgesetzen dar. Thomas Rauh wagt mit seinen überdimensionalen Kameras »Blicke in ein fremdes Land«, und Karl Aichinger symbolisiert mit seinem »Gelben Stein« die Sonderstellung dieser noch so neuen Freundschaft der beiden Nachbarländer.

Adresse Leminger Straße, 93450 Eschlkam | **Anfahrt** von der B 20 bei Furth im Wald in Richtung Eschlkam abfahren, auf der Hauptstraße bleiben und fast schon am Ortsausgang von Eschlkam rechts in die Leminger Straße abbiegen | **Tipp** Ein zweites ambitioniertes Kunstprojekt präsentiert sich nur ein paar hundert Meter weiter kurz vor Stachesried. Im Kunstpavillon finden sich überdimensionale Bilder internationaler Künstler – Anlass war der EU-Beitritt der Tschechischen Republik im Jahr 2004.

23_Der Felsenpark

Skurrile Steinwelten

Die 3.000-Seelen-Gemeinde Falkenstein im Landkreis Cham ist in erster Linie durch ihre mächtige Burg aus dem 11. Jahrhundert bekannt. Schon von Weitem erkennt man das stattliche Bauwerk, das auf einem riesigen Granitkegel über dem Ort thront. Heute beherbergt die Burganlage das Museum »Jagd und Wild« sowie eine Gaststätte mit einem herrlichen Biergarten und dient im Sommer als Kulisse für die traditionellen Burgfestspiele.

Mindestens ebenso interessant ist allerdings, was sich unterhalb des alten Gemäuers entdecken lässt. Denn rund um die Gesteinsformation, auf der die Burg steht, findet sich Bayerns zweitgrößter Felsenpark – und das quasi mitten im Ortskern von Falkenstein. Unter einem dichten Kronendach uralter Bäume verläuft ein schmaler Pfad vorbei an zerklüfteten Granitbrocken und teilweise sehr skurril anmutenden Felsformationen. Am auffälligsten ist dabei sicherlich das »Froschmaul«, das man wohl auch ohne den eingemeißelten Hinweis als solches erkannt hätte. Doch auch Stellen wie der »Schiefe Stein«, das »Herzbeutelgässchen« oder die »Himmelsleiter« machen ihrem Namen alle Ehre.

Eine weitere Besonderheit im Felsenpark Falkenstein ist das sogenannte Leuchtmoos, das sich in einer mit einem Gitter gesicherten Höhle befindet. Diese in Mitteleuropa sehr seltene Pflanze schimmert bei einfallendem Sonnenlicht in einem fast unwirklich erscheinenden smaragdgrünen Farbton.

Auch wenn die Strecke unterhalb der Burg Falkenstein auf den ersten Blick vielleicht nicht allzu schwierig erscheint, ist man dennoch gut beraten, sie nicht zu unterschätzen. Der Rundkurs ist zwar nicht sehr lang, an vielen Stellen dafür umso steiler. Für gutes Schuhwerk sollte gesorgt und Trittsicherheit vorhanden sein. Damit man am Ende auch wirklich mit heiler Haut die Burg erklimmen und oben verdientermaßen den tollen Ausblick auf die Bergwelt des Bayerischen Waldes genießen kann.

Adresse Burgstraße, 93167 Falkenstein | Anfahrt Über die A3 Regensburg–Passau entweder Ausfahrt Wörth-Ost oder Ausfahrt Kirchroth, dann Richtung Falkenstein. Die Strecke zum Parkplatz ist vom Ortskern Falkenstein (bitte übrigens nicht mit dem gleichnamigen Berg im Nationalpark verwechseln) aus beschildert. | Tipp Die im Sommer stattfindenden aufwendig inszenierten Falkensteiner Burgfestspiele sind über die Jahre zu einer festen Einrichtung im Kulturkalender des gesamten Vorderen Bayerischen Waldes geworden.

24 Die Künstlerwerkstatt Neuwerth

Vom Verlassen eingefahrener Gleise

Besonders im Sommer, wenn dichte weiße Rosensträucher ihn verdecken, lässt er sich fast nicht mehr lesen: der Schriftzug »Fischhaus« an dem aus grob behauenen Steinen gebauten, fast mediterran anmutenden kleinen Häuschen. Heutzutage erschließt sich dem interessierten Betrachter der ursprüngliche Verwendungszweck des Gebäudes kaum noch, aber in früheren Jahren diente es dem kleinen Ort Fischhaus, der zur Gemeinde Ruderting gehört, als Bahnhofsstation.

Mittlerweile beherbergt das pittoreske Anwesen die Künstlerwerkstatt des Ehepaares Neuwerth. Neben dem Hauptgebäude, das heute als Wohnhaus genutzt wird und in dem auch ein lichtdurchfluteter Ausstellungsraum untergebracht ist, existiert noch ein Nebengebäude in gleicher Bauweise und die ehemalige Güterhalle, in der die eigentliche Werkstatt liegt.

Die Palette der ausgestellten Kunst, die hier in dem kleinen Ort im Landkreis Passau zu sehen ist, umfasst vor allem Gemälde, Keramiken und Plastiken. Neben »reinen« Kunstobjekten und -projekten erstreckt sich die Bandbreite des Angebots von Helmut Maria und Dagmar Neuwerth dabei durchaus auch auf »handfeste« Haushaltsgegenstände wie Geschirr oder Lampen – und sogar die Planung und Gestaltung von Kachelöfen gehört dazu. Auffallend dabei ist immer die Verbindung von praktischem Nutzen und künstlerischem Anspruch, die auch diese vermeintlich so einfachen Gebrauchsgegenstände auszeichnet.

Die Kunstobjekte aus der Fischhauser Werkstatt hingegen sind nicht nur auf vielen regionalen und überregionalen Ausstellungen zu sehen, sondern zieren zum Beispiel auch diverse öffentliche Gebäude im näheren und weiteren Umkreis. Und wenn es stimmen sollte, dass sich eine schöne Umgebung auf das kreative Schaffen niederschlägt – dann wären die Objekte in Fischhaus wohl der beste Beweis dafür.

Adresse Bahnhof Fischhaus, 94161 Ruderting-Fischhaus | **Anfahrt** von der B 85 über Ruderting in Richtung Hutthurm oder von der B 12 in umgekehrter Richtung | **Öffnungszeiten** Di–Sa 10–20 Uhr oder nach Vereinbarung unter Tel. 08509/2566 | **Tipp** In Fischhaus befindet sich auch das Modellbahnmuseum Rocktäschel mit einer 40 Quadratmeter großen Schauanlage.

25 Die Trinkwassertalsperre

Unser täglich Wasser

Wie das Periskop eines riesigen Unterseebootes bricht er aus dem Wasser, der weithin sichtbare Entnahmeturm der Trinkwassertalsperre bei Frauenau – und dient damit zugleich als optischer Fixpunkt auf der fast einen Quadratkilometer großen Seefläche dieses künstlich angelegten Gewässers. Ebenso beeindruckende Ausmaße besitzt der gute 70 Meter über der Talsohle aufragende Staudamm, der damit der höchste in ganz Deutschland ist und zum Zeitpunkt seiner Fertigstellung auch noch als die bundesweit höchste Talsperre überhaupt galt.

Da der Bayerische Wald wegen seiner geologischen Beschaffenheit nur ein unzureichendes sogenanntes Grundwasserdargebot aufweist, wurde von 1976 bis 1984 der Bau dieses gewaltigen Wasserspeichers in Angriff genommen, um die Trinkwasserversorgung der hiesigen Bevölkerung zu gewährleisten. Dem hierfür gegründeten Zweckverband gehören insgesamt sieben Landkreise (Cham, Deggendorf, Dingolfing-Landau, Freyung-Grafenau, Passau, Regen, Straubing-Bogen) und die Stadt Deggendorf an, die von der Trinkwassertalsperre jährlich mit bis zu 15 Millionen Kubikmetern Wasser versorgt werden können. Zudem treibt das nasse Element auch die Turbinen eines Kraftwerkes an, das jährlich eine Strommenge von etwa drei bis vier Millionen Kilowattstunden liefert. Gespeist wird der künstliche See aus dem Kleinen Regen und dem Hirschbach, die beide im Grenzgebiet zur Tschechischen Republik entspringen.

Neben ihrer Bedeutung für die Wasser- und Stromversorgung – aber übrigens auch für den Hochwasserschutz – hat sich die Trinkwassertalsperre mittlerweile auch zu einem beliebten Ausflugsziel für Touristen und Einheimische entwickelt. Ein beliebter Rundwanderweg zeigt den See und die ihn umgebende Berglandschaft dabei aus immer wieder neuen Perspektiven – und für die nötige Orientierung sorgt zur Not ja auch immer noch das riesige »Periskop«.

Adresse Wasserhäuslweg, 94258 Frauenau | **Anfahrt** von der B 11 bei Zwiesel in Richtung Frauenau und kurz vor dem Ortseingang links in den Wasserhäuslweg bis zur Talsperre fahren | **Tipp** Normalerweise ist Frauenau weniger für sein Wasser als vielmehr für sein Glas bekannt – diverse Hütten und das Glasmuseum zeugen von der jahrhundertealten Tradition bei der Bearbeitung dieses Werkstoffs.

26 Das Schramlhaus

Vom Leben und Arbeiten

Manchmal ist es von Vorteil, alleinstehend zu sein: Dass das historische Schramlhaus in der Kreisstadt Freyung heute noch besichtigt werden kann, verdankt es nämlich in erster Linie seiner freien Lage. Während im Jahr 1872 eine verheerende Feuersbrunst in der Freyunger Innenstadt wütete und das Feuer in den engen Gassen schnell von Haus zu Haus übergriff, blieb der Bauern- und Handwerkerhof von den Flammen verschont. Deshalb kann er heute noch erzählen, wie es denn so war, das Leben in Freyung in den letzten 300 Jahren.

Im Erdgeschoss des um 1700 gebauten Schramlhauses – dessen Name sich von der letzten Besitzerfamilie ableitet – führt ein mit groben Granitplatten ausgelegter Gang (»Fletz«) in die einzelnen Zimmer: Neben der Wohnstube mit eigener Kammer, in der ein Spinnrad und ein Webstuhl für die Leinenproduktion zu sehen sind, gibt es noch die »Kesselkuchl«, die vom Kachelofen der Wohnstube mit beheizt wurde, und die »Rauchkuchl«, die in erster Linie als Waschküche diente. In den Krautkammern finden sich bäuerliche Haushaltsgegenstände wie zum Beispiel – der Name der Zimmer lässt es erahnen – ein Krautstein oder ein Krautschneider. In der ehemaligen Schreinerei erläutern liebevoll erstellte Miniaturen die Geschichte der Holzwirtschaft im Bayerischen Wald.

Im ersten Stock begibt man sich in die »schöne Stube« mit ihren antiken Bauernmöbeln, in einer Kammer sind traditionelle Gewänder und Trachten zu sehen. Zwei weitere Räume befassen sich mit religiöser Volkskunst und hierbei speziell mit der Hinterglasmalerei. Das Dachgeschoss unter dem mit Schindeln gedeckten Halbwalmdach zeigt Werkzeuge vieler Handwerksberufe aus früheren Zeiten, darunter eine komplett eingerichtete Schreinerwerkstatt.

Im Garten mit seinem Themenweg »Leben am Goldenen Steig« laden schließlich Bänke zum Verweilen ein – und vielleicht auch zum Verarbeiten der vielen neuen »alten« Eindrücke.

Adresse Abteistraße 8, 94078 Freyung | **Anfahrt** über die B 12 Richtung Freyung-Innenstadt zum Stadtplatz (Parkmöglichkeit), von dort zu Fuß hinunter in die Abteistraße | **Öffnungszeiten** Mitte Dez.–Mitte Mai Di, Do, Sa 13–16 Uhr, Mitte Mai–Ende Okt. Di, Do, Sa 13–17 Uhr, Sonderöffnungen oder Führungen nach Voranmeldung unter Tel. 08551/1276 oder 08551/588150 | **Tipp** Im Schloss Wolfstein am Saußbach im Nordwesten der Stadt sind das Museum »Jagd – Land – Fluss« und die Galerie Wolfstein untergebracht.

27 Das alte Schulhaus

Lehrer, bleib bei deinen Leisten

»Klein waren sie damals, in erster Linie klein.« Dieser Gedanke schießt einem durchschnittlich gewachsenen Besucher des 21. Jahrhunderts unweigerlich durch den Kopf, duckt er sich in das alte Fronauer Schulhaus aus dem 18. Jahrhundert hinein. Nun liegt es zweifellos in der Natur der Sache, dass in einer Schule der Großteil der Anwesenden noch nicht seine volle Körpergröße erreicht haben dürfte. Nicht vergessen sollte man dabei aber den Herrn Lehrer, der damals häufig – wie eben auch hier in Fronau – nicht nur zum Unterrichten in sein Schulhaus kam, sondern auch darin wohnte.

Und da das Gehalt des Lehrerberufs seinerzeit meist noch nicht einmal ausreichte, um auch nur ein kärgliches Leben zu fristen, waren viele Pädagogen dazu gezwungen, sich noch anderweitig ein Zubrot zu verdienen: So lässt sich in Fronau neben dem Klassenzimmer mit seinen alten Bänken und Schiefertafeln aus der Zeit um das Jahr 1900 und der »guten Stube« eben auch die Schusterwerkstatt des Dorfschullehrers besichtigen – natürlich versehen mit einem Guckloch in den Klassenraum, um das Treiben seiner Schützlinge immer im Blick zu haben.

Von der engen Verbindung zwischen Schule und Glauben in der damaligen Zeit kündet hier im Örtchen nicht nur das benachbarte Gotteshaus Sankt Stephan, sondern auch die Tatsache, dass das Schulwesen damals in der Regel generell der Aufsicht der Kirche unterstand. Und so diente der Dorfschullehrer meist in Personalunion auch als Mesner und Organist seiner Gemeinde.

Seit 1981 steht das kleine Holzblockhaus in Fronau nun Besuchern und vor allem auch Schulklassen zur Besichtigung offen, um sich darüber zu informieren, wie Schule vor über 100 Jahren ausgesehen hat. Vieles wird heutigen Schülern geradezu unwirklich vorkommen, eine Menge hat sich seitdem verändert – und beileibe nicht nur die Deckenhöhe der heutigen Klassenzimmer.

Adresse Neukirchener Straße 2, 93426 Roding-Fronau | **Anfahrt** von Roding auf der B 85 in Richtung Bruck/Bodenwöhr fahren, dann in Neubäu rechts abbiegen in die Fronauer Straße | **Öffnungszeiten** April–Okt. So 14–17 Uhr, für Gruppen nach Vereinbarung unter Tel. 09971/78218 | **Tipp** Der nahe gelegene Neubäuer See ist mit seinem Campingpark und seinen zahlreichen Freizeitmöglichkeiten im Sommer ein beliebter Anziehungspunkt für Badegäste aus nah und fern.

28 Der Wildgarten

Mystische Naturschönheiten

Ein Aquarium ist im Allgemeinen eigentlich eine recht überschaubare Sache. Man steht davor und sieht hinein. Doch wäre es nicht ungemein interessanter, selbst mittendrin zu stehen und die Fische von innen zu beobachten? Groß genug müsste es nur sein – und irgendwie sollte man dabei auch noch trocken bleiben.

Dieser Gedanke an eine Unterwasser-Beobachtungsstation stand am Anfang des Projektes »Wildgarten« und sollte den gebürtigen Further Ulrich Stöckerl von da an nicht mehr loslassen. So entstand 1989 in Eigenregie sein über eine Treppe begehbarer Fischteich, in dem sich die heimische Unterwasserwelt einmal aus einer ganz anderen Perspektive beobachten lässt.

Im Laufe der Jahre reiften dann immer neue Ideen heran, auch die Umgebung rund um die Unterwasserstation mit Leben zu füllen – und wurden Stück für Stück umgesetzt. Heute bevölkern mystische Baumwesen und riesige Urzeittiere den Wildgarten, die Besucher können sich auf wackelige Hängebrücken wagen oder sogar in ein künstlich angelegtes Moor. Die Wege werden gesäumt von bizarren Skulpturen regionaler Künstler, und rustikale Weidenhütten bieten Schutz vor zu viel Sonne oder bei Regen. An verschiedenen Stationen wird schließlich auch die heimische Tier- und Pflanzenwelt mit viel Liebe zum Detail vorgestellt – manchmal etwas unkonventionell vielleicht, bisweilen sogar ziemlich skurril, aber gerade deswegen immer spannend.

Natur dabei auch im Wortsinn begreifbar zu machen, das ist das Ziel des Further Wildgartens. Denn welches Kind – selbst wenn es »vom Land« kommen sollte – weiß heutzutage noch, wie es sich anfühlt, von einem kleinen Flusskrebs gezwickt zu werden, die trockenen Schuppen einer Ringelnatter zu spüren oder einen echten Feuersalamander zu berühren? Nach einem Besuch im Wildgarten ist man mindestens um diese Erfahrungen reicher – wahrscheinlich aber um viele mehr.

Adresse Daberger Straße 33, 93437 Furth im Wald | **Anfahrt** über die B 20 nach Furth im Wald und dann über die Eschlkamer Straße in die Daberger Straße (beschildert) | **Öffnungszeiten** Ganzjährig von Sonnenaufgang bis Sonnenuntergang. Von Ostern bis Anfang Nov. (Herbstferien) ist die Hauptkasse 10–17 Uhr besetzt. Außerhalb dieser Zeit wird Münzgeld für die automatische Kasse benötigt. Führungen Mai-Okt. Di, Do und So um 14 Uhr oder nach Vereinbarung unter Tel. 09973/2933. | **Tipp** Recht unheimlich geht es zu in den Further Felsengängen in der Nähe des Stadtplatzes. Dieses unterirdische Labyrinth wurde über die Jahrhunderte aus dem Gneis geschlagen und diente unter anderem als Bierkeller und Lagerstätte, aber auch als Fluchtstollen in Kriegszeiten.

29 Die Holzkegelbahn

Eine ruhige Kugel schieben

Dass Kegeln eine Trendsportart sei, wäre eine wahrlich gewagte Behauptung. Bowling vielleicht, diese amerikanische Version, bei der es gilt, in möglichst wenigen Versuchen alle zehn Pins (statt neun Kegeln) abzuräumen, und das in riesigen, lauten Centern mit oftmals mehr als zwölf Bahnen gespielt wird – aber Kegeln? Das klingt nach verrauchten Kellerräumen irgendwelcher Dorfgaststätten, in denen ein paar ältere Herrschaften beim Bier eine ruhige Kugel schieben.

Umso erstaunlicher ist es da, was die Bürger im oberpfälzischen Gleißenberg auf die Beine gestellt haben. Denn im dortigen Meranpark – die Gemeinde bezeichnet sich selbst als das »bayerische Meran« – wurde 2009 in traditioneller Bauweise eine echte Holzkegelbahn errichtet, wie es sie früher in vielen Parks oder auch Biergärten im ganzen Land gab. Das lang gestreckte Holzgebäude ist vor allem im Sommer ein beliebter Treffpunkt für Einheimische, aber auch für Touristen geworden – viele davon machen dabei hier in Gleißenberg Station auf ihrer Radtour durch das landschaftlich sehr reizvolle Gebiet zwischen Waldmünchen, Furth im Wald und der tschechischen Grenze.

Neben der originellen Kegelbahn, an der man sich auf Anmeldung auch bewirten lassen kann, finden sich im Gleißenberger Meranpark auch eine Kneippanlage und allerlei Spielstätten für Kinder – und das fernab befahrener Straßen am äußersten Rand des kleinen Ortes.

Die Hauptattraktion ist und bleibt aber natürlich die Holzkegelbahn – eben auch und gerade für Kinder, von denen die allermeisten wohl noch nie eine echte Kegelkugel in der Hand gehabt haben dürften. Und wer weiß: Vielleicht trägt die hiesige Holzbahn ja wirklich ein Stückchen dazu bei, das verstaubte Image abzulegen und Kegeln wieder zu einem echten Volkssport zu machen. So kann man den Gleißenbergern und ihren Gästen für die Zukunft eigentlich nur eines wünschen: Gut Holz!

Adresse Moosweg, 93477 Gleißenberg | Anfahrt über die B 20 Richtung Furth im Wald bei Weiding nach Gleißenberg abbiegen, der Straße eine Weile bis kurz nach dem Ortseingang folgen und dann rechts in den Moosweg einbiegen | Öffnungszeiten Mo–Fr 18–22 Uhr, Sa, So und an Feiertagen 12–22 Uhr | Tipp Nicht nach, sondern auf den Gleißenberg führt ein zwei Kilometer langer Kreuzweg, der von Vereinen der umliegenden Gemeinden Gleißenberg, Ried und Gschwand errichtet wurde.

30 Die Wanderbahn

Geschichte auf Schienen

Man sollte den Fahrplan am Gotteszeller Bahnhof schon genau lesen, sonst wartet man unter Umständen sehr lange auf seinen Zug nach Viechtach. Denn offiziell wurde die Strecke für den Personenverkehr im Jahr 1991 eingestellt. Doch einem kleinen Kreis von Eisenbahnfreunden ist es zu verdanken, dass die Route zwischen Gotteszell und Viechtach bis heute weiter befahren wird – zumindest an einigen Tagen im Jahr.

Im Jahr 1890 wurde die 25 Kilometer lange Strecke von einer privaten Lokalbahn in Betrieb genommen und 1928 in Richtung Norden nach Blaibach erweitert. Ihren schmuckvollen Namen »Regentalbahn« verdankte sie der Tatsache, dass sie ab Teisnach dem Flussverlauf des Schwarzen Regen folgte – und so ihren Fahrgästen einmalig schöne Aussichten auf diese so reizvolle Landschaft bot.

Anfang 1991 wurde der Personenverkehr auf der Strecke von Blaibach nach Viechtach eingestellt, da bei Blaibach Schäden an einer Brücke über den Regen festgestellt wurden. Ein Weiterbetrieb war unmöglich, darum musste die Strecke stillgelegt werden – mittlerweile dient der alte Bahndamm als beliebter Radweg. Ein paar Monate später wurden dann schließlich auch zwischen Gotteszell und Viechtach keine Fahrgäste mehr befördert.

Doch nicht für allzu lange Zeit: Zumindest an ausgesuchten Terminen kann man bis heute mit der sogenannten Wanderbahn die alte Zugstrecke von Gotteszell bis Viechtach wieder befahren und an insgesamt zehn Bahnstationen ein- und aussteigen. Und dabei nicht nur die Landschaft entlang der Strecke genießen, sondern auch ein wenig in Eisenbahnnostalgie schwelgen. Befördert werden die Fahrgäste nämlich in einer sogenannten Esslinger Dieseltriebwagengarnitur aus den 1950er Jahren, die auch heute noch in der traditionell beige-blauen Farbgebung der Regentalbahn treu ihren Dienst verrichtet – und dies hoffentlich auch noch lange tun wird.

Adresse Bahnhofstraße 10, 94239 Zachenberg-Gotteszell | Anfahrt Auf der B 11 von Deggendorf kommend in Richtung Norden (Viechtach/Regen) fahren, auf der Höhe von Gotteszell nach rechts abbiegen Richtung Köckersried/Zachenberg. Eine Anreise per Zug ist auch mit der Waldbahn über Zwiesel oder Plattling möglich. | Tipp In Gotteszell befindet sich die Asamkirche Sankt Anna, die gleich mehrere verschiedene Baustile in sich vereint: einen romanischen Grundriss, eine gotische Außenfassade sowie Barock- und Rokoko-Elemente im Inneren.

31 Die Räuber-Heigl-Linde

Hölzerner Unterschlupf

Sicher verbürgt ist es nicht, dass der legendäre Räuber Heigl sich auf der Flucht vor seinen Häschern mehrfach in dem ausladenden Stamm der prächtigen Linde im Hohenwarther Ortsteil Gotzendorf versteckt haben soll – manche Quellen sprechen aber sogar davon, er habe hier eine Zeit lang regelmäßig sein Nachtquartier bezogen. Doch auch wenn die Geschichte nicht der Wahrheit entsprechen sollte – gut erfunden ist sie allemal.

Denn theoretisch könnte man es sich auch heute noch vorstellen, dass der mittlerweile gespaltene und von einem Stahlband zusammengehaltene Stamm einst zu einer zumindest kurzfristigen Herberge taugte. Gute sieben Meter beträgt sein Umfang, und die Krone des wohl Mitte des 17. Jahrhunderts gepflanzten Baumes überragt leicht die meisten Häuser in seiner Umgebung.

Der sagenumwobene Räuber Michael Heigl machte in der ersten Hälfte des 19. Jahrhunderts vor allem die Gegend um Kötzting und Viechtach unsicher. Dabei zog er sich immer wieder in die schützenden Wälder und Berge des Bayerischen Waldes zurück, um der Verfolgung durch die Staatsgewalt zu entgehen. An seiner Seite lebte und räuberte eine gewisse Therese Pritzl – genannt die »rothe Res« – die vermutlich aus Gotzendorf stammte, woher wohl auch der Bezug zur dortigen Linde entstand.

Des Räubers letztes Versteck war eine Höhle unterhalb des Kreuzfelsens am Kaitersberg, wo er durch Verrat entdeckt und verhaftet wurde. Zunächst zum Tode verurteilt, wurde die Strafe schließlich in eine lebenslange »Kettenstrafe« umgewandelt. 1857 fand Michael Heigl bei einem Streit mit einem Mithäftling den Tod.

Im Bayerischen Wald genießt der Räuber Heigl bis heute einen fast legendären Ruf – wahrscheinlich, weil er in den Augen der Menschen immer mehr war als ein gewöhnlicher Krimineller, der vor allem die Begüterten um ihr Vermögen brachte: nämlich auch ein Rebell und Kämpfer gegen die Obrigkeit.

Adresse Dorfstraße, 93480 Hohenwarth-Gotzendorf | **Anfahrt** über die B 85 von Miltach nach Bad Kötzting, von dort weiter in Richtung Hohenwarth, bei Gotzendorf links in die Dorfmitte abbiegen | **Tipp** Im historischen Hohenwarther Schloss aus dem 17. Jahrhundert, wo bis 1969 auch noch selbst Bier gebraut wurde, empfängt heute die Schlossbräugaststätte Vogl ihre Gäste.

32 Das Schnupftabakmuseum

Die Nase voll haben

Der bekannteste »Schnupfer« in Deutschland ist eigentlich das genaue Gegenteil des barocken Klischeebayern, der sich sinnesfroh seinen geliebten »Schmai« in die Nasenlöcher zieht: Ausgerechnet Altkanzler Helmut Schmidt, der kühle Hanseat, frönt neben seiner immer und überall ausgelebten Vorliebe für Mentholzigaretten nämlich auch gerne öffentlich seiner Leidenschaft für den Genuss von Schnupftabak.

Dabei reklamieren doch gerade die Altbayern das »Schnupftabakmonopol« eigentlich für sich. Und um diesen Anspruch zu untermauern, schufen sie sich sogar ihr eigenes Museum. Im denkmalgeschützten ehemaligen Spital der Kreisstadt Grafenau untergebracht, beherbergt es unter anderem das größte Schnupftabakglas der Welt mit einer Höhe von knapp 70 Zentimetern und einem Leergewicht von stolzen 32 Kilogramm. In den Ausstellungsräumen erfährt der Besucher viele Hintergründe über die Geschichte und die Herstellung des Tabakpulvers im Allgemeinen, vor allem aber auch über seine Produktion im Bayerischen Wald.

Schnupftabak war allerdings zuerst nur in Südamerika verbreitet und erreichte Europa – wie seine rauchbare Variante – erst im 16. Jahrhundert. Nachdem wegen einiger verheerender Brandkatastrophen das Rauchen vielerorts unter Strafe gestellt wurde, stiegen immer mehr Menschen auf das schnupfbare Pulver um. Den Höhepunkt seiner Popularität erreichte es um das Jahr 1800 herum. Vor allem mit der Einführung der Zigarette rund 50 Jahre später änderten sich die Konsumgewohnheiten aber erneut.

Unterschieden wird der Schnupftabak grob in zwei Sorten. Der sogenannte Snuff ist eine meist sehr feine Mischung aus aromatisierten hellen Virginia-Tabaken. Der grobe bayerische Schmai, Schmaizler oder Schmalzler (früher wurde der Tabak mit Butterschmalz gebunden) besteht dagegen in erster Linie aus dunklen Brasil-Tabaken und ist im Gegensatz zum Snuff kaum oder gar nicht aromatisiert.

Adresse Spitalstraße, 94481 Grafenau | Anfahrt Direkt von der B 533 in die Spitalstraße abbiegen. Das Museum befindet sich links vor dem ersten Kreisverkehr (großer Parkplatz am Kurpark auf der anderen Straßenseite). | Öffnungszeiten Di–Do 10–13 Uhr, Fr–So 14–17 Uhr (von Anfang Nov. bis Weihnachten und von Mitte März bis Gründonnerstag geschlossen), Anfragen unter Tel. 08552/962343 | Tipp Im selben Gebäudekomplex ist auch das Grafenauer Stadtmuseum untergebracht, das unter anderem einen alten Krämerladen und eine historische Apotheke beherbergt.

33_Das Zündholzmuseum

Wenn der Funke überspringt

Muss man sich als durchschnittlich gebildeter Mitteleuropäer genieren, nicht auf Anhieb zu wissen, was sich hinter einem Phillumenisten verbirgt? Wahrscheinlich nicht. Schade wäre es allerdings, auf einen Besuch in Grafenwiesen zu verzichten und so vielleicht nie hinter das Geheimnis zu kommen.

Der Duden jedenfalls beschreibt die sogenannte Phillumenie – gebildet aus dem griechischen »philos« (»Freund«) und dem lateinischen »lumen« (»Licht«) – als »das Sammeln von Streichholzschachteln oder deren Etiketten«. Und ebendiesem Phänomen widmet sich das Zündholzmuseum in Grafenwiesen. Wird die schmale Treppe zu den Ausstellungsräumen bezwungen, eröffnet sich dem Besucher eine Welt voller bunter Streichholzschachteln und -briefchen, Zündholzbehälter oder Werbeschilder.

Dass ausgerechnet Grafenwiesen Standort eines Zündholzmuseums wurde, hat natürlich seinen Grund: Bereits im Jahr 1878 existierte in dem kleinen Ort nämlich die »Zündholztunke« Ellmann, ab 1908 entstand daraus die Zündholzfabrik Hubloher.

Ende der 1920er Jahre, zu Zeiten der Weltwirtschaftskrise, übernahm der Ingenieur Robert Czerweny von Arland die Firma und nannte die Zündholzfabrik – seinem Motto »Alle Mann ans Werk« folgend – von da an »Allemann AG«. Da das Deutsche Reich gegen eine Anleihe von 125 Millionen Goldmark dem schwedischen Zündholzkonzern STAB gestattet hatte, exklusiv den deutschen Markt zu bedienen – das berühmte »Zündwarenmonopol« –, musste sich die Allemann AG in dieses Monopol einkaufen und produzierte von nun an die bekannte »Haushaltsware« (Steuernummer 305) und die wohl noch populäreren »Welthölzer« (Steuernummer 295). Als das Zündwarenmonopol 1983 schließlich auslief, drängten zunehmend Billigimporte auf den Markt, zudem benutzten immer mehr Menschen Feuerzeuge statt Streichhölzer. Drei Jahre später endete schließlich die Produktion in Grafenwiesen.

Adresse Schönbuchener Straße 31, 93479 Grafenwiesen | **Anfahrt** über die B 85 von Miltach nach Bad Kötzting, von dort in Richtung Grafenwiesen, dort auf der Hauptstraße der Beschilderung in die Schönbuchener Straße folgen | **Öffnungszeiten** Mi, Do, So und an Feiertagen 14–16 Uhr und auf Anfrage unter Tel. 09941/940317 | **Tipp** Etwas außerhalb – im Ortsteil Feßmannsdorf – liegt der Greifvogelpark Grafenwiesen, der auch spezielle Flugschauen mit seinen Tieren zeigt.

34 Der Büchelstein

Auf kulinarischer Spurensuche

»Man muss behutsam alle Zutaten herrichten wie Erdäpfel, gelbe Rüben, Petersilienbuschen, Zwiebeln, scharfe Gewürze, Fleisch vom Kalb, Schwein und Ochs. In einem Thiegel gibt die Köchin frischen Rindernierentalg, tut je eine Lag Kartoffeln geviertelt, Fleisch und Grünzeug, Pfeffer und Salz. Obenauf Kartoffelschnitz, Rindertalg zerschlichen, eine Schale Brühe, deckt es gut zu und laßt es zwo Stund langsam dünsten.«

Was das alles mit Grattersdorf zu tun hat? Jede Menge! Aber der Reihe nach: Der Hausberg der kleinen Gemeinde im Landkreis Deggendorf ist der Büchelstein – und bereits hier lässt sich die Wortverwandtschaft zu einem der beliebtesten Gerichte der Deutschen erahnen. Der Büchelstein stand nämlich Pate für den berühmten Büchelsteiner (oder auch Pichelsteiner) Eintopf, den die Grattersdorfer Wirtin Auguste Winkler Mitte des 19. Jahrhunderts erfunden hatte (Originalrezept siehe oben). Anlass war das sogenannte Büchelsteiner Fest, das seit 1839 traditionell auf dem Berg abgehalten wurde.

Tradition hat allerdings auch die kulinarische Konkurrenz zur Stadt Regen: Da Auguste Winkler vor ihrer Grattersdorfer Zeit dort gelebt und auch ein Gasthaus betrieben hatte, reklamieren die Regener das »Ur-Rezept« des Eintopfgerichts ebenfalls für sich. Und um diesem Umstand den nötigen Nachdruck zu verleihen, benannten sie gleich ihr alljährliches Sommerfest danach: nämlich das bekannte Pichelsteinerfest.

Von diesem Streit über das Urheberrecht am beliebten Eintopfgericht einmal abgesehen, existiert übrigens noch eine andere Theorie, woher der Name »Pichelsteiner« stammen könnte. Denn früher nannte man auch einen Suppenkessel schlicht »Pichel«. Da mit diesem gerade im Freien häufig auf steinernen Feuerstellen gekocht wurde, läge also auch hier der Ausdruck »Pichelsteiner« nahe. Aber an diese Version glaubt in Grattersdorf natürlich kein Mensch.

Adresse 94541 Grattersdorf | Anfahrt über die B 533 nach Grattersdorf | Tipp Bekannt ist Grattersdorf auch für sein Nordic-Walking-Zentrum und das weitverzweigte Wanderwegenetz des Sonnenwaldes.

35 Der Schafhof Perl

Robuste Rasenmäher

Die Zahl klingt zunächst schon ein klein wenig überraschend: Ungefähr eine Milliarde Schafe soll es auf der Erde geben. Und ein ganz klein wenig steuert auch der Schafhof der Familie Perl seinen Teil dazu bei.

Was der Besucher dabei aber gleich zu Beginn feststellt: Schaf ist beileibe nicht gleich Schaf. Alleine auf dem Hof hier im Rinchnacher Ortsteil Grub tummeln sich 15 verschiedene Rassen. Und diese unterscheiden sich nicht nur in Größe und Aussehen deutlich voneinander, sondern vor allem auch durch ihre Wolle.

Mal fein, mal grob, mal gekräuselt, mal strähnig kommen die Schafe daher – und so viele Abstufungen es in der Beschaffenheit des Felles gibt, so viele verschiedene Verwendungsmöglichkeiten existieren hierfür auch. Die Palette im hauseigenen Hofladen, der sich über zwei Stockwerke erstreckt, reicht unter anderem von klassischen Pullovern und Strickkleidern über flauschige Schals und Handschuhe bis hin zu handgefertigten Teppichen und wärmenden Bettdecken. Aber auch als Heilwolle – etwa bei Rheuma, Gicht oder Migräne – findet das vielseitige Naturprodukt Verwendung.

Doch auch die Milch der Schafe wird nicht nur getrunken oder etwa zu Käse oder zu Schokolade verarbeitet. Kosmetika aus Schafsmilch bieten sich wegen ihrer rückfettenden Wirkung besonders für Menschen mit trockener und sensibler Haut an.

Auf dem Hof in Grub, der seit 1772 in Familienbesitz ist, werden auch Führungen (mit anschließender Brotzeit) angeboten, bei denen man mit den Schafen quasi auf Tuchfühlung gehen kann. Und hierbei wird dann auch deutlich, warum diese robusten Tiere so mühelos Wind und Wetter trotzen können: Das Geheimnis liegt im Lanolin (oder Wollwachs), das sich beim Berühren des Felles deutlich spüren lässt und dieses gegenüber Witterungseinflüssen unempfindlich macht. Manchmal wäre man da auch gerne einmal Schaf – zumindest beim nächsten Regenguss.

Adresse Grub 26, 94269 Rinchnach-Grub | **Anfahrt** von der B 85 auf halber Strecke zwischen Kirchdorf und Rinchnach nach Grub abfahren | **Öffnungszeiten** Laden: Di–Fr 10–18 Uhr, Sa 10–16 Uhr; Führungen in der Regel Di 10.30 Uhr, Do 14 Uhr und an Feiertagen, Anfragen unter Tel. 09928/224 | **Tipp** Die Gemeinde Rinchnach, zu der Grub gehört, ist Patengemeinde für die Fledermaus. Ein sehr anschaulicher Lehrpfad (mit Spielplatz) informiert dort über die nachtaktiven Flugkünstler.

36 Der Teufelstisch

Steinernes Vermächtnis

Bizarr sieht er aus – und steht da, als würde er nicht wirklich hierhergehören: der Teufelstisch bei Habischried, einem Ortsteil von Bischofsmais.

Ganz sicher konnten sich die Menschen in früheren Zeiten nicht erklären, wie dieses ungewöhnliche Steingebilde hier mitten in den dichten Wald gelangen konnte. Aber sich wirklich vorzustellen, wie die sogenannte Wollsackverwitterung das Granitgestein des Teufelstisches Stück für Stück und über Abertausende von Jahren in seine skurrile Form zwingen konnte, das ist auch für heutige Zeitgenossen eine recht schwere Aufgabe – selbst wenn man das geologische Prinzip dahinter zur Gänze verstanden haben sollte. Auffallend ist allerdings in jedem Fall die Ähnlichkeit zu den außergewöhnlichen Felsformationen im Dreisesselmassiv am Dreiländereck, deren Struktur und Entstehungsgeschichte viele Parallelen zum Teufelstisch aufweisen dürften.

Wo die Vorstellungskraft der Menschen endet, da entstehen meist die Grundlagen für allerlei Sagen und Legenden: Der populärsten davon folgend soll sich hier bei Habischried der Teufel für sein Mittagsmahl gerade an seinen überdimensionalen Tisch niedergelassen haben, als er durch das Glockengeläut der nicht weit entfernten Kirchen von Sankt Hermann so gestört wurde, dass er wutschnaubend diesen für ihn so unwirtlichen Platz verließ. Mit einer gehörigen Portion Phantasie lässt sich sogar noch der versteinerte Schweinsbraten samt Knödeln auf der »Tischplatte« erkennen, den der Teufel bei seinem fluchtartigen Verschwinden zurücklassen musste.

Erreichen kann man den Teufelstisch, der als eigener Höhenzug in diesem recht waldreichen Gebiet auch einen wunderbaren Blick auf die Kreisstadt Regen bietet, am besten von Bischofsmais aus. Viele Wanderer verbinden ihre Tour dabei auch mit einer Wanderung auf den benachbarten Geißkopf, den Hausberg von Bischofsmais.

Adresse 94253 Bischofsmais-Habischried | **Anfahrt** die B 11 oder die B 85 in Richtung Bischofsmais verlassen, von der Ortsmitte zu Fuß den Schildern Richtung Habischried/Teufelstisch folgen | **Tipp** Die Schlossauer Ohe auf Bischofsmaiser Gemeindegebiet beherbergt viele geschützte oder gefährdete Tier- und Pflanzenarten wie den Fischotter, die Flussperlmuschel oder die Sumpfdotterblume.

37 Die Burgruine und das Hofbergmuseum

Geschichte mit Weitblick

Imposant ist der Blick, den der Besucher vom Hofberg aus hinunter auf die Gemeinde Haibach werfen kann. Der kleine Ort im Landkreis Straubing-Bogen wie auch die einstmals stolze Burg auf seinem Hausberg wurden nach dem Rittergeschlecht der Haybecken (später auch Haibeck) benannt, die als Ministeriale der Grafen von Bogen fast 400 Jahre die Geschicke der Region leiteten.

Allzu viel ist heutzutage von der einst mächtigen Wehranlage nicht übrig geblieben. Denn vor allem die Schweden taten das, was sie während des Dreißigjährigen Krieges in Bayern bevorzugt mit Burgen taten: Sie brannten sie nieder.

Im weiteren Verlauf der Geschichte wechselten die kärglichen Überreste noch häufiger den Besitzer, bis sie schließlich an den bayerischen Staat fielen. Dieser verkaufte das gesamte Gut mit seinen 31 Tagwerk Land 1845 schließlich an einen Landwirt und Viehhändler aus Haibach.

1986 gründete sich ein Förderverein, um die Reste der Burg vor dem endgültigen Verfall zu bewahren und als historische Stätte zu erhalten. Nach sechs Jahren Arbeit war die Ruine – in erster Linie noch Teile des einstigen Wohngebäudes – dann so weit stabilisiert, dass ein weiterer Einsturz nicht mehr zu befürchten war.

Aus dem ebenfalls noch erhaltenen Burgstall wurde das Hofbergmuseum, das seit dem Jahr 2005 für die Öffentlichkeit zugänglich ist. Neben einer umfangreichen Ausstellung bäuerlicher Gerätschaften für die Feldarbeit im Erdgeschoss ist im ersten Stock ein typischer Wohnbereich aus früherer Zeit zu besichtigen – komplett eingerichtet mit Küche, Schlafzimmer, Kinderzimmer und Speisekammer. Ein altes Klassenzimmer und diverse Werkzeuge der verschiedenen Handwerksberufe geben darüber hinaus Einblicke in das damalige Lernen und Arbeiten.

Adresse Hofberg, 94353 Haibach | Anfahrt von der B 20 bei Ascha in Richtung Mitterfels abbiegen, dann über Haselbach nach Haibach, durch den Ort der Hauptverkehrsstraße folgen, die in die Burgstraße übergeht, den Berg hinauf, ehe es rechts (Beschilderung) zur Ruine geht | Öffnungszeiten Ruine: das ganze Jahr über frei zugänglich; Museum: wird nach Vereinbarung geöffnet, Gemeinde Haibach unter Tel. 09963/9430390 (Frau Reisinger), Förderverein unter Tel. 09961/224436 (Herr Rainer) | Tipp Den wohl schönsten Ausblick auf das Donautal und den Gäuboden bis hin zum Alpenrand kann man ganz in der Nähe im kleinen Schuhchristleger – an der Straße zwischen Elisabethszell und Maibrunn – genießen.

38 Der Edle von Hauzenberg

Der Pinocchio-Turm

Besonders respektvoll gehen die Hauzenberger nicht gerade um mit ihrem Hochadel: »Pinocchio-Turm« nennen die Einheimischen das 20 Meter hohe Bauwerk, das über den Bürgerpark der Gemeinde blickt. Dabei ist der hölzerne Ritter ein echter »Edler«, genauer gesagt ein »Edler von Hauzenberg« – so viel Zeit muss sein.

Nachdem in den 1980er Jahren die Holzwerke Hauzenberg ihre Tore für immer schlossen, begannen die Verantwortlichen neue Nutzungsmöglichkeiten für das ehemalige Industriegelände zu diskutieren. Den Tourismus anzukurbeln war das eine Ziel, aber auch Erholungsräume für die einheimische Bevölkerung sollten geschaffen werden. Das Ergebnis war eine weitläufige Parkanlage, die sich heute diesseits und jenseits der Brückenstraße erstreckt.

Anstelle des alten Fabrikturms sollte dabei im Bürgerpark auf der südlichen Seite ein ähnlich hoher optischer Bezugspunkt entstehen, der dem Auge an jeder Stelle des Platzes Orientierung geben kann. Umgekehrt sollte ein Treppenaufgang im Inneren des Turms, mit dem man auf eine Aussichtsplattform gelangt, für den nötigen Weitblick sorgen.

So lässt sich vom »Edlen von Hauzenberg« aus der Bürgerpark sowie das im Norden angrenzende Kurgelände mit seiner Seebühne und der Abenteuerspielplatz »Rocco-Park« – übrigens selbstironisch nach dem sprechenden Specht aus »Pinocchio« benannt – trefflich überblicken.

Zehn Jahre lang war der Bürgerpark alljährlich auch Schauplatz des in der Region äußerst populären Pfingst-Open-Airs mit bekannten deutschen und internationalen Künstlern, bevor dieses 2012 aus logistischen Gründen nach Salching bei Straubing umziehen musste. Dafür finden aber auf dem Gelände nach wie vor vielfältige andere kulturelle Veranstaltungen und – nicht zu vergessen – natürlich das Hauzenberger Volksfest statt. Und dies alles stets unter den wachsamen Augen des »Edlen von Hauzenberg«.

Adresse Brückenstraße, 94051 Hauzenberg | **Anfahrt** über die B 12 oder die B 388 in Richtung Hauzenberg, von der B 12 kommend über die Büchlberger Straße in Richtung Ortsmitte fahren, am Kreisverkehr rechts und über die Hauptverkehrsstraße bis zur Brückenstraße, dieser nach links bis zum Bürgerpark folgen, von der B 388 kommend der Hauptverkehrsstraße bis zur Brückenstraße folgen | **Tipp** Im einzigen Graphitbergwerk Deutschlands in Kropfmühl, etwas südlich von Hauzenberg gelegen, lässt sich dem harten Arbeitsalltag der Bergleute von früherer Zeit bis heute nachspüren.

39_Die Kunstsammlung Ostbayern

Große Werke aus dem Wald

Es müssen nicht die großen Metropolen sein, das pulsierende urbane Leben – Kunst kann auch an stillen, abgeschiedenen Orten entstehen. Natürlich hat man auch schon von ländlichen Künstlerkolonien gehört, von Murnau vielleicht oder von Worpswede. Aber große Kunst im und aus dem Bayerischen Wald? Für die breite Öffentlichkeit – zumindest außerhalb Ostbayerns – sind dies nur schwer zusammenzubringende Begriffe.

Dass es diese Kunst gibt und auch schon lange gab – dafür steht auch die Kunstsammlung Ostbayern im Spital Hengersberg. Das Gebäude, übrigens eines der ältesten in der Gemeinde, wurde ursprünglich als Zollhaus gebaut und diente dann als sogenanntes Leprosenhaus, aus dem sich später das Spital entwickelte. Zuletzt war es das Armenhaus des niederbayerischen Marktes, bevor es in einen langen Dornröschenschlaf fiel und nach einem Brand sogar beinahe abgerissen worden wäre. Mitte der 1990er Jahre wurde das Gebäude dann aber umfassend saniert, und 1997 bezog die Kunstsammlung Ostbayern schließlich in dem barocken Baudenkmal ihr Domizil.

Die ausgestellten Objekte schlagen einen Bogen von traditionellen Werken bis hin zu zeitgenössischer Kunst bayerischer Künstler, das Museum präsentiert aber immer wieder auch Sonderausstellungen und Werkschauen. Über 70 Maler, Bildhauer oder natürlich auch Glaskünstler haben momentan im Hengersberger Spital eine neue »Heimat« gefunden, darunter so renommierte Namen wie Eisch, Mauder oder Theuerjahr. Den Schwerpunkt der Sammlung bilden hierbei die Werke der zumindest regional sehr bekannten Künstlervereinigungen des Bayerwaldkreises und der Donau-Wald-Gruppe.

Dass diese einmalige Sammlung ausgerechnet im nicht gerade besonders großen Hengersberg zu sehen ist, dafür setzt sich vor allem der rührige örtliche Kunst- und Museumsverein ein.

Adresse Passauer Straße 38, 94491 Hengersberg | Anfahrt von der A3 Regensburg–Passau (Ausfahrt Hengersberg) der Hauptstraße (Passauer Straße) in den Ort folgen, nach circa 100 Metern auf der rechten Seite Parkgelegenheiten, der Eingang liegt etwas weiter links der Straße (über den Niederalteicher Weg) | Öffnungszeiten Sa und an Feiertagen 14–16 Uhr, So 14–18 Uhr und nach Vereinbarung unter Tel. 09901/2809 oder 09901/930729 | Tipp Quasi über dem Spital »schwebt« auf einer Anhöhe die Frauenbergkirche, die einst eine prächtige Barockausstattung besaß und später im neugotischen Stil gestaltet wurde. Zusammen mit der ebenfalls erhöht stehenden Rohrbergkirche dominiert sie die Stadtansicht von Hengersberg.

40 Das Schloss Herrnfehlburg

Tradition verpflichtet

Hans Ettl ist eigentlich schon der Vierte. Denn bereits sein Vater, sein Großvater und sein Urgroßvater trugen natürlich nicht nur den Nachnamen »Ettl«, sondern auch denselben Vornamen wie der aktuelle Schlossherr von Herrnfehlburg. Das kleine herrschaftliche Gebäude befindet sich bereits seit 1806 ununterbrochen in Familienbesitz.

Bemerkenswert ist dabei nicht nur die lange Zeitspanne, in der die Familie ihr Schlösschen bewohnt. Es ist vielmehr auch das Haus selbst, das eine echte architektonische Besonderheit darstellt.

Denn Schloss Herrnfehlburg verkörpert genau genommen nicht nur ein einziges Gebäude, sondern besteht im Grunde aus drei verschiedenen Teilen: Da wäre zum einen der eigentliche Wohntrakt, in dem sich die Privaträume der Familie befinden. Zum anderen beherbergt das Gebäude aber auch die traditionelle Schlossgaststätte mit ihrer großen Wirtsstube und den rustikalen Gewölbezimmern. Und schließlich gibt es da noch die kleine Schlosskapelle, die ebenfalls in das klassische Dreier-Ensemble mit eingebunden ist. Früher verband übrigens noch ein kleines Fenster das Gotteshaus mit dem übrigen Gebäude, damit jeder im Haus die sonntägliche Predigt verfolgen konnte – auch wenn er selbst gar nicht beim Gottesdienst anwesend war.

Um die 800 Jahre alt sind die am frühesten gebauten, unter Denkmalschutz stehenden Teile des Schlosses Herrnfehlburg, und bereits 1184 wurde ein »Hof zu Velberg« zum ersten Mal urkundlich erwähnt. Das stattliche Haus sah in den folgenden Jahrhunderten viele Besitzer kommen und gehen, bevor die Familie Ettl es vor über 200 Jahren übernahm. Ursprünglich hatte ein gewisser Michael Ettl allerdings ein ganz anderes Wirtshaus in Herrnfehlburg erworben, das er allerdings später gegen den heutigen Familiensitz tauschte. Eine Wahl, zu der man seinen Nachkommen auch heute noch eigentlich nur gratulieren kann.

Adresse Burgstraße 2, 94372 Rattiszell-Herrnfehlburg | **Anfahrt** Von der B 20 bei Rattiszell in Richtung Irschenbach fahren, in Herrnfehlburg liegt das Schloss am Ortseingang gleich links. | **Öffnungszeiten** Schlossgaststätte: So und an Feiertagen 11 – 14 Uhr und auf Anfrage unter Tel. 09964/246 | **Tipp** Etwas außerhalb von Herrnfehlburg lässt sich im Wald bei Oberweinberg noch ein verwitterter Druidenstein aus keltischer Zeit entdecken.

41 Die alte Dampflokomotive

Die Last der Vergangenheit

Wenn man sich das einmal ein paar Jahre vorher überlegt hätte: Im August 1973 wurde eine 70-Tonnen-Dampflokomotive als zukünftiges Ausstellungsstück mühsam auf der Straße vom Bahnhof Neukirchen-Balbini an ihren heutigen Standplatz am ehemaligen Bahnhof Hillstett transportiert. Bis 1969 allerdings hätte sie noch aus eigener Kraft – und vor allem auf eigenen Schienen – dorthin fahren können. Doch in diesem Jahr wurde die Strecke von Rötz nach Neunburg vorm Wald stillgelegt und teilte somit das Schicksal vieler kleiner Bahnlinien im Bayerischen Wald – allen Protesten der einheimischen Bevölkerung zum Trotz.

So zeugt das schwarz-rote Ungetüm auf dem Gelände des Oberpfälzer Handwerksmuseums in Rötz-Hillstett auch heute noch ein wenig von der guten alten Zeit der Dampflokomotiven, als Geschwindigkeit noch nicht die Welt und Verlässlichkeit hingegen alles bedeutete. 1934 in Dienst gestellt, legte das stählerne Dampfross aus den Krupp-Werkshallen in Essen bis zu seiner »Pensionierung« im Jahr 1972 dann auch mehr als anderthalb Millionen Kilometer zurück – eine Strecke, die es umgerechnet etwa vierzigmal um die Erde geführt hätte.

Man muss kein Eisenbahn-Nostalgiker sein, um sich von all den Kuppelstangen, den Dampfzylindern, den Treibradsätzen und der gesamten blinkenden und blitzenden Mechanik nachhaltig beeindrucken zu lassen. Hier erahnt auch der technisch eher Unbedarfte noch die enorme Kraft, die nötig war, um nicht nur die Lokomotive, sondern einen ganzen Zug in Bewegung zu setzen – ganz im Gegensatz zum scheinbar mühelosen Dahingleiten heutiger ICEs.

So steht die alte Dame nun auf dem ehemaligen Bahnhof Hillstett auch fast ein wenig wie aus der Zeit gefallen da, stolz und sogar ein bisschen trotzig – als ob sie insgeheim ganz genau wüsste, wie hart sie sich ihren wohlverdienten Ruhestand hier in Hillstett erarbeiten musste.

Adresse Hillstett 52, 92444 Rötz-Hillstett | **Anfahrt** von Rötz in Richtung Neunburg vorm Wald fahren, im Ortsteil Hillstett die zweite Straße rechts abbiegen | **Öffnungszeiten** Die Lokomotive kann jederzeit besichtigt werden. Handwerksmuseum: April–Okt. Di–So 14–17 Uhr, Anfragen unter Tel. 09944/341512, Tourismusbüro Rötz unter Tel. 09976/941160 | **Tipp** Der Besuch bei der Lokomotive oder im Museum lässt sich wunderbar mit einem Spaziergang auf dem alten Bahndamm verbinden. Direkt an das Gelände schließt auch der Eixendorfer See an, an dessen Ufer die Museumsschänke »Salzfriedlhof« zur Einkehr einlädt.

42 Das Puppentheater Karotte

Bretter, die die Welt bedeuten

Millionen Menschen haben bereits eine Aufführung des kleinen Puppentheaters Karotte aus Hirschberg, einem Ortsteil der 1.000-Seelen-Gemeinde Falkenfels, gesehen – auch wenn den meisten von ihnen dies wohl nicht bewusst sein dürfte. Denn trotz des emsigen Spielbetriebs im eigenen Theaterstadl und der unzähligen Gastspiele der mobilen Bühne war ein so großes Publikum ganz ohne fremde Hilfe dann doch nicht zu erreichen. Dafür musste schon ein Fernsehauftritt des Theaters sorgen: Und so war dieses 2013 im ARD-Polizeiruf 110 »Kinderparadies« – mit Matthias Brandt in der Rolle des Kommissars Hans von Meuffels – zu sehen.

Seit 1990 bereits gibt es das Puppentheater Karotte als mobile Bühne, seit 2004 hat es hier in Hirschberg auch eine feste Heimstatt gefunden – und war im Grunde von Anfang an ein Ein-Frau-Betrieb. Denn die Gründerin und Inhaberin Gaby Weißenfels – in Berlin aufgewachsen und dort unter anderem an der Staatsoper und am Berliner Ensemble beschäftigt – spielt und spricht nicht nur sämtliche Rollen selbst, sondern schreibt auch die Texte. Zudem fertigt sie die Figuren und baut die Bühnenbilder. Dabei kleidet sie altbekannte Märchen in ein modernes Gewand (wie etwa den »Froschkönig«, den »Gestiefelten Kater« oder das »Rotkäppchen«), bearbeitet klassische Theaterstücke neu (»Ein Sommernachtstraum«) oder bringt auch eigene Werke zur Aufführung (»Die kleine Peperonika« oder »Sisu, die schwere Elfe«). Die meisten Stücke richten sich an Kinder, aber auch Erwachsene dürften an den Geschichten ihre Freude haben.

Mit seinem großen, lichtdurchfluteten Ausstellungs- und Konzertraum und der einladenden Gartenanlage ist die Kulturstätte in Hirschberg aber auch außerhalb des reinen Puppentheaters zu einem regionalen Anziehungs- und Treffpunkt für Kunstfreunde jeglicher Couleur geworden – es muss ja nicht jedes Mal gleich ein Millionenpublikum sein.

Adresse Hirschberg 1c, 94350 Falkenfels-Hirschberg | **Anfahrt** Von der B 20 bei der Ausfahrt Ascha circa vier Kilometer in Richtung Falkenfels, dort am Ortsausgang über die Weiherfeldstraße und die Wiesenfeldener Straße in Richtung Hirschberg. Kurz vor Hirschberg liegt das Theater (Tel. 09966/902616) an der linken Straßenseite. | **Tipp** Falkenfels ist bekannt für seine mittelalterliche Burg, die mit ihrem zinnenbewehrten Turm die gesamte Ortsansicht prägt.

43 Das Kraftwerk und das Haus am Strom

An der schönen grünen Donau

Begleitet man den großen Fluss von Passau her in Richtung Südosten, so schimmert sein Wasser hier – wo der Fluss Deutschland und Österreich voneinander trennt – ganz anders als im Titel des berühmten Donauwalzers von Johann Strauss beschrieben: nämlich eher grün als blau. Seiner Schönheit tut dies aber keinen Abbruch.

Nicht von Schönheit, sondern von der reinen Urgewalt des Wassers zeugt hingegen das Donaukraftwerk Jochenstein. In den 1950er Jahren gebaut, liefert es mit seinen fünf Kaplanturbinen jährlich 850 Millionen Kilowattstunden Strom, sowohl für die österreichische als auch für die deutsche Seite. Und dient dabei gleichzeitig als Donaubrücke und Grenzübergang – wenn auch nur für Fußgänger und Radfahrer.

Benannt ist das unter Denkmalschutz stehende Kraftwerk, das auf deutscher Seite offiziell zur Gemeinde Untergriesbach und auf österreichischer zur Gemeinde Engelhartszell gehört, nach dem Jochenstein, einem Felsen, der als kleine Insel ganz in der Nähe aus der Donau ragt.

Direkt neben dem Kraftwerk steht auf bayerischer Seite ein nicht nur architektonisch höchst interessantes Gebäude: Das Haus am Strom, die Umweltstation des Landkreises Passau, ist in seiner Form einer Welle nachempfunden, das kleine Nebengebäude symbolisiert einen Flusskiesel. Im Inneren erwartet den Besucher eine Erlebnisausstellung, die sowohl die technischen Möglichkeiten der Wassernutzung als auch die Aspekte des Naturschutzes würdigt – ein sicherlich nicht immer ganz spannungsfreies Terrain. Dem Haus am Strom gelingt diese Gratwanderung – und es unterhält seine Gäste dabei auch noch bestens: So lässt sich zum Beispiel eine virtuelle Tretbootfahrt durch Passau erleben, wobei man auf einer Art Heimtrainer allerdings höchst real selbst für den Antrieb sorgen muss.

Adresse Am Kraftwerk, 94107 Untergriesbach-Jochenstein | Anfahrt von Passau kommend auf der B 388 über Obernzell in Richtung Jochenstein fahren (beschildert) | Öffnungszeiten Kraftwerk: Führungen auf Anfrage unter Tel. 08591/916101, Haus am Strom: Jan.–März Do–So 10–17 Uhr, April, Mitte Sept.–Dez. Di–So 10–17 Uhr, Mai–Mitte Sept. täglich 9–18 Uhr (Tel. 08591/912890) | Tipp Zwischen Passau und Jochenstein befindet sich das gut 400 Hektar große Naturschutzgebiet Donauleiten, das viele selten gewordene Tier- und Pflanzenarten beherbergt. Das Haus am Strom bietet Führungen auf den Wanderwegen an.

44 Die Grabplatte des Ritters Degenhart

Stilles Gedenken

Weit ist es wahrlich nicht von den Ufern der Donau, der Ilz und des Inns in Passau, bis man die ersten Höhenzüge des Bayerischen Waldes erreicht. Innerhalb weniger Kilometer verändert sich nicht nur die Landschaft selbst, sondern auch die Geschwindigkeit des Lebens. Denn hier oben scheint alles ein wenig langsamer vonstattenzugehen.

Ein beschaulicher Ort ist auch das kleine Kellberg. Und was viele nicht wissen: Der Luftkurort beherbergt mit seiner spätgotischen Kirche Sankt Blasius ein echtes Juwel im – an historischen Gotteshäusern wahrlich nicht armen – Bayerischen Wald.

Dabei ist es gar nicht einmal unbedingt die äußere Erscheinung der Kirche, die sie von anderen Sakralbauten unterscheidet. Die Besonderheit findet sich vielmehr im Inneren: An einem Seitenflügel des Altarraumes erinnert ein aus Salzburger Rotmarmor gefertigtes Grabdenkmal – ein sogenanntes Epitaph – an den »Ortsadeligen« von Kellberg, den 1506 verstorbenen Watzmannsdorfer Ritter Degenhart II. Mit strengem Blick mustert dieser den Besucher durch das geöffnete Visier, das Schwert in der einen, die Lanze in der anderen Hand. Die aufrecht stehende Grabplatte, die der Passauer Steinbildhauer Jörg Gärtner schuf, entstand in der frühen Neuzeit. Je nach Sonneneinfall durch die Kirchenfenster erscheint sie dabei manchmal wie eigens für den Besucher beleuchtet.

Ungewöhnlich im Kircheninneren von Sankt Blasius ist aber auch der linke Seitenaltar, der sogenannte Drei-Frauen-Altar. Er zeigt in der Mitte die heilige Ottilia, die ursprüngliche Patronin des Kellberger Gotteshauses, mit der heiligen Katharina und der heiligen Barbara zu ihren Seiten.

Über einen separaten Eingang an der Stirnseite der Kirche erreicht man noch die kleine, liebevoll gestaltete Lourdesgrotte der Pfarrgemeinde, ein weiterer Platz der Ruhe und Einkehr.

Adresse Sankt-Blasius-Straße, 94136 Thyrnau-Kellberg | **Anfahrt** der B 388 von Passau kommend einige Kilometer folgen und dann links nach Kellberg abbiegen, dort auf der Hauptstraße bis zur Kirche fahren | **Tipp** Nicht nur für angehende Wünschelrutengänger ist eine Wanderung am Kellberger Radiästhesie-Lehrpfad ein lohnendes Unterfangen.

45_Das Haus der Bienen

Fliegende Menschenfreunde

Ihre Bedeutung für den Menschen kann wohl kaum hoch genug eingeschätzt werden. Denn die sprichwörtlich fleißigen Bienen liefern ihm nicht nur den Honig für sein Brot, sondern sorgen vor allem mit ihrer Bestäubungsarbeit auch dafür, dass das Getreide überhaupt erst einmal wächst. Daher betreffen beispielsweise auch Meldungen, nach denen es wieder zu einem Bienensterben gekommen ist, immer auch indirekt den Menschen selbst. Hierzulande gibt es übrigens nur eine einzige Art der »zahmen« Honigbiene, weltweit nur deren sieben. Alle anderen Arten gehören zu den Wildbienen.

Im romantisch gelegenen Kirchberg im Wald widmet sich das Haus der Bienen ganz den schwarz-gelben Insekten. In Zusammenarbeit mit den regionalen Imkervereinigungen finden dort nicht nur Schulungen und Seminare für angehende und aktive »Bienenwirte« statt, sondern es soll gerade der Bevölkerung – und hier speziell auch Schulkindern – die Bedeutung der Bienenhaltung für unser aller Leben nahebringen.

So befinden sich in dem solide gebauten Holzhaus, dessen sechseckiger Grundriss – natürlich – auf dem Muster einer Honigwabe beruht, selbstverständlich auch mehrere Bienenstände, in denen sich die Honigbienen bei der Arbeit beobachten lassen. Und probieren lässt sich das Resultat ihrer Bemühungen auch – am besten direkt vor Ort.

Doch im »Bienendorf« Kirchberg lässt sich noch mehr über die nützlichen Vielflieger erfahren: An das Haus der Bienen schließt sich nämlich im nahen Wäldchen ein liebevoll gestalteter Bienen- und Naturlehrpfad an, der bei einem etwa halbstündigen Spaziergang weitere wissenswerte Details über das Leben der Bienen, aber auch über die allgemeinen Zusammenhänge in der heimischen Natur verrät. Denn ohne ein ausbalanciertes ökologisches Gleichgewicht können auch die Bienen ihrer Aufgabe nicht mehr nachkommen – weder in Kirchberg noch sonst wo auf der Welt.

Adresse Klosterweg 3, 94259 Kirchberg im Wald | **Anfahrt** von der B 533 bei Hunding oder der B 85 bei Kirchdorf in Richtung Kirchberg im Wald, dort der Hauptstraße folgen und nach rechts in den Klosterweg einbiegen (beschildert) | **Öffnungszeiten** Führungen Do 14.30 Uhr (Nov. geschlossen), Gruppenanfragen über die Gemeinde Kirchberg unter Tel. 09927/940028 | **Tipp** Etwas südwestlich von Kirchberg liegt in der Nähe von Höllmannsried das eindrucksvolle Naturschutzgebiet des Todtenauer Moors.

46 Der alte Burgturm

Ruinöse Schatzsuche

In der niederbayerischen Gemeinde Kollnburg weisen enge, verwinkelte Gässchen, durch die kaum ein Fahrzeug passt, den Weg hinauf zum Wahrzeichen des kleinen Ortes. Heroisch prangt der noch erhaltene Burgturm der ehemaligen Kollnburg über den Häusern und kündet von einer bewegten Vergangenheit.

Im 12. Jahrhundert wurde die Burganlage »Chalmberch« erstmals urkundlich erwähnt, ehe sie im sogenannten Böcklerkrieg von 1468/69 teilweise zerstört wurde. Nach dem Wiederaufbau erlitt sie dann im Dreißigjährigen Krieg erneut dasselbe Schicksal und wurde im 18. Jahrhundert schließlich endgültig aufgegeben.

Als sich der Wald-Verein Viechtach 1895 der Ruine annahm und diese vor dem weiteren Verfall bewahrte, waren im Grunde nur noch der Burgturm und der Brunnen übrig geblieben, die Reste der anderen Gebäude wurden wohl zwischenzeitlich in anderen Häusern Kollnburgs verbaut. Seit dieser Zeit dient der massive Bergfried der Kollnburg als Aussichtsplattform und ermöglicht faszinierende Rundumblicke über den Bayerischen Wald.

Einen Reiz ganz besonderer Art macht aber auch die Sage von den legendären drei Schätzen der Kollnburg aus: Neben dem verbürgten, aber nie gefundenen Schatz des edlen Ritters Hans Leiminger aus dem Jahr 1400 soll es einen weiteren gegeben haben, den ein mutiges Burgfräulein im Dreißigjährigen Krieg vor den plündernden Schweden verbarg – und ihre Verschwiegenheit mit ihrem Leben bezahlte.

Und schließlich war da noch der österreichische Oberst, der alleine mit seiner Haushälterin in der Festung lebte. Sein Vermögen versteckte er an einem unbekannten Ort, von dem außer ihm nur seine Bedienstete wusste. Als er später im Krieg fiel, bewahrte seine treue Angestellte das Geheimnis bis zu ihrem eigenen Tod.

Es könnte sich also nicht nur wegen der schönen Kulisse lohnen, in Kollnburg hier und da die Augen offen zu halten.

Adresse Burgstraße, 94262 Kollnburg | **Anfahrt** von der B 85 bei Viechtach in Richtung Straubing/Sankt Englmar fahren, nach ein paar Kilometern rechts nach Kollnburg abbiegen, über die Viechtacher Straße links in die Marktstallerstraße und dann nach rechts in die Burgstraße abbiegen | **Tipp** Eines der ungewöhnlichsten Denkmäler im Bayerischen Wald findet sich am Baierweg in der Nähe von Kollnburg. Das Bauerndenkmal von 1869 ist ein großes steinernes Monument, das ein reicher Landwirt der Überlieferung nach errichtet haben soll, um sein schlechtes Gewissen, das er wegen einer Schwindelei gegenüber seinem zwischenzeitlich verstorbenen Bruder verspürte, zu beruhigen.

47 Die Fürstenzeche

Unterirdische Schätze

»Glück auf!« Wer bei diesem Bergmannsgruß nur an die Kohlezechen im Ruhrgebiet denkt, muss eventuell ein Stück weit umdenken. Denn auch im Bayerischen Wald gab es über Jahrhunderte aktiven Bergbau – so auch im Lamer Winkel, der heute eigentlich mehr als beliebte Fremdenverkehrsregion bekannt ist.

Einblicke in über 500 Jahre Bergbautradition gibt dabei heute das Besucherbergwerk in Lam. Seit 1463 fuhren Bergleute hier ein – wobei ein Kumpel in der Bergmannssprache übrigens immer in die Grube »einfährt«, auch wenn er zu Fuß unterwegs sein sollte.

Mitte des 15. Jahrhunderts wurde durch Südtiroler Bergleute erstmals in der Fürstenzeche Silber gewonnen, im Jahr 1463 wurde das Eisenerzbergwerk im Ortsteil Schmelz eröffnet. Im weiteren Verlauf der langen Betriebsgeschichte wurden auch Kupfer, Blei und Flussspat abgebaut, Untersuchungen auf einen lohnenswerten Uranabbau blieben hingegen erfolglos. 1962 musste die Grube schließlich aus technischen Gründen geschlossen werden.

Bis zur Eröffnung der Fürstenzeche als Besucherbergwerk sollten danach noch 36 Jahre vergehen, in denen die Grube unter anderem mineralogisch und geologisch weiter erforscht wurde. Heute kann man in den Stollen und auf dem Gelände der Grube, in der sechs unterschiedliche Gesteinsarten aufeinandertreffen, nicht nur diverse historische Arbeitsgeräte (»Gezähe«) besichtigen, sondern auch über 60 verschiedene Mineralienarten bewundern – bezieht man die gesteinsbildenden Mineralien mit ein, sogar 120 Arten –, unter anderem auch fluoreszierende Uranmineralien. Ebenso schimmern und glänzen die Stollenwände durch ihren Silberanteil immer ein wenig im Licht der Grubenlampen.

Aufgrund seiner Seltenheit stellt auch der Lamer »Bayerwaldsmaragd«, ein dunkelgrün schimmerndes Bleisulfat, eine echte Besonderheit dar, die weltweit bisher nur in drei weiteren Vorkommen entdeckt wurde.

Adresse Zechenstraße 16, 93462 Lam | Anfahrt über die B 20 oder B 85 nach Lam, dort über die Arberstraße und die Kastlmühler Straße rechts in die Zechenstraße | Öffnungszeiten April–Okt. Mo, Mi, Fr und So 11–16 Uhr (Oster-/Pfingst-/Sommerferien täglich 11–16 Uhr), Tel. 09943/903541 | Tipp Rustikal übernachten lässt es sich im Matratzenlager des Schutzhauses nach einer Wanderung am deutsch-tschechischen »Grenzberg« Osser (Ostrý) in der Nähe von Lam.

48 Die gotischen Fresken

Konservierte Kirchengeschichte

Kirchen gibt es wahrlich viele im Bayerischen Wald. Was ist es also, was das kleine Gotteshaus in Landasberg bei Haibach im Landkreis Straubing-Bogen so einzigartig macht?

Eigentlich birgt das Kirchlein Sankt Johann gleich drei Besonderheiten: Zum einen dürfte es sich um eine der ältesten Kirchen der ganzen Region handeln. Historiker gehen davon aus, dass das Gotteshaus um 1100 von zwei wohlhabenden Brüdern, Landold und Christian, errichtet wurde. Aus einem der Namen soll sich später auch der Ortsname entwickelt haben – aus Landoldes Berg wurde Landasberg. Zum anderen befindet sich das sakrale Gebäude – ungewöhnlich genug – schon seit langer Zeit in Privatbesitz.

Doch das eigentlich Außergewöhnliche verbirgt sich im Inneren des Gotteshauses: An der Nordwand des Gebäudes findet sich ein in zarten, teilweise fast schon lasiert erscheinenden Farben großflächig gemaltes Bild, das erst in den 1980er Jahren bei Restaurierungsarbeiten wiederentdeckt wurde. Wie auch die anderen gotischen Fresken in Sankt Johann war es wohl im Laufe der Jahrhunderte irgendwann als nicht mehr zeitgemäß angesehen und übermalt worden.

Beinahe einzigartig in Europa ist hierbei die Darstellung Jesu Christi als »lebendes Kreuz«, bei dem die Querbalken zu Armen und Händen werden – eine solches Bildnis gibt es sonst nur noch in einem Gotteshaus in Wasserburg und in einigen skandinavischen Kirchen. Thematisch behandelt das Fresko den Konflikt zwischen Christentum und Judentum, symbolisiert von den beiden Frauengestalten Ecclesia und Synagoga. Da es zu Beginn bis Mitte des 14. Jahrhunderts in der Region immer wieder zu Ausschreitungen gegenüber Juden kam, liegt der Schluss nahe, dass dies auch Einfluss auf die Kirchenkunst und eben auch auf das Fresko in Landasberg genommen haben dürfte – womit heute eine ungefähre zeitliche Eingrenzung seiner Entstehung möglich ist.

Adresse 94353 Haibach-Landasberg | Anfahrt von der B 20 bei Ascha in Richtung Haselbach, von dort weiter nach Landasberg | Öffnungszeiten Da sich die Kirche in Privatbesitz befindet, ist eine Voranmeldung über die Gemeinde Haibach unter Tel. 09963/9430390 sinnvoll, die dann einen Termin zur Besichtigung vermitteln kann. | Tipp Im benachbarten Haselbach wurden in der »Totentanz-Kapelle« ebenfalls übertünchte Fresken entdeckt und restauriert. Von einem unbekannten Künstler geschaffen, orientieren sich diese an den bekannten »Bildern des Todes« von Hans Holbein dem Jüngeren aus dem Jahr 1538.

49 Das verlassene Dorf

Ein Dreivierteljahr Winter, ein Vierteljahr Kälte

Wer bei einer Geisterstadt zuerst an alte, noch in Schwarz-Weiß gedrehte Westernfilme denkt, in denen der Wind loses Buschwerk durch die staubigen Straßen treibt, muss sein Bild vielleicht ein wenig revidieren. Denn auch im »Wilden Osten« Bayerns gibt es eine solche Geisterstadt – genau genommen eher ein Geisterdorf. Obwohl diese Bezeichnung den Kern der Sache eigentlich auch schon nicht mehr trifft: Denn in Leopoldsreut stehen nur noch zwei Häuser.

Im Jahr 1618 hatte Fürstbischof Leopold I. von Passau beschlossen, zur Grenzsicherung nach Böhmen hin auf einer eingeebneten Waldfläche (die Endung »-reut« bedeutet »gerodet«) ein neues Dorf zu errichten – und nannte es so einfach wie naheliegend: Leopoldsreut.

Der kleine Ort diente zunächst auch als Mautstation an der jahrhundertealten Handelsroute Goldener Steig (übrigens nicht zu verwechseln mit dem heutigen Fernwanderweg namens Goldsteig), später wurde hier für die Glasindustrie des Bayerischen Waldes Quarzsand abgebaut, was Leopoldsreut den Beinamen »Sandhäuser« eintrug. Daneben verdienten die Dorfbewohner ihren Lebensunterhalt hauptsächlich mit Land- und Forstwirtschaft und waren als begabte Schindelmacher bekannt, was in der damaligen Zeit zumindest für ein bescheidenes Auskommen sorgte.

Doch die harten klimatischen Bedingungen – »a Dreivierteljoahr Winter und a Vierteljoahr is koid« – und die Abgeschiedenheit forderten ab Mitte des 19. Jahrhunderts ihren Preis: Mehr und mehr Familien verließen Leopoldsreut. 1955 wurde schließlich die Dorfschule – einst mit 1.108 Metern über dem Meeresspiegel die höchstgelegene Schule Deutschlands – geschlossen, acht Jahre später zogen die letzten Bewohner weg. Die meisten Gebäude wurden daraufhin abgerissen. Und so zeugen heute nur noch ebenjenes Schulgebäude und die wieder instand gesetzte Kirche von der ehemaligen Existenz des kleinen Örtchens Leopoldsreut.

Adresse Leopoldsreut, 94145 Haidmühle | **Anfahrt** über die B 12 kurz vor der tschechischen Grenze nach Bischofsreut abbiegen, von dort der Beschilderung zum Wanderparkplatz Leopoldsreut folgen | **Tipp** Auf dem Gemeindegebiet von Haidmühle finden sich neben dichten Waldgebieten auch mehrere Hochmoore. Eines davon ist beispielsweise das Naturschutzgebiet Zwicklfilz.

50 Die Liesl-Karlstadt-Galerie

Das Mini-Musäum

Für viele Menschen ist sie der Inbegriff einer echten Münchnerin, die Sängerin, Schauspielerin und Komödiantin Liesl Karlstadt. Dass die 1892 als Elisabeth Wellano – den ungewöhnlichen Nachnamen verdankte sie ihrem italienischen Vater – in der Landeshauptstadt geborene Künstlerin, die vor allem als Bühnen- und Filmpartnerin des großen Karl Valentin bekannt wurde, auch ihre Spuren im Bayerischen Wald hinterlassen hat, das dürften nur die wenigsten wissen.

Im kleinen Lindbergmühle am Rande des Nationalparks dokumentiert die liebevoll gestaltete Liesl-Karlstadt-Galerie der Familie Kaufmann mit etlichen privaten Fotos, Postkarten und Briefen die Verbundenheit der Münchener Volksschauspielerin zu dieser kleinen Gemeinde. Hintergrund ist die jahrzehntelange Freundschaft zwischen der »Urtante« der Familie, Maria Kaufmann, und Liesl Karlstadt. Beide Frauen hatten sich in recht jungen Jahren in München kennengelernt, als die Schauspielerin noch als Verkäuferin im damals neu gegründeten Kaufhaus eines gewissen Hermann Tietz (»Hertie«) arbeitete.

Nachdem Maria Kaufmann wieder in den Bayerischen Wald zurückgekehrt war, blieben die beiden Freundinnen weiter in brieflichem Kontakt, doch sollte Liesl Karstadt immer wieder auch selbst nach Lindbergmühle reisen – und war so gesehen wahrscheinlich der erste »offizielle« Urlaubsgast des kleinen Ortes.

Das dortige »Mini-Musäum« – die etwas eigenwillige Schreibweise ist natürlich eine Anspielung auf das große Valentin-Karlstadt-Musäum in München – möchte mit seinen sehr persönlichen Erinnerungsstücken das Andenken an die auch heute noch populäre Mimin erhalten. Die Galerie ist an das Gasthaus »Broudlstubn« der Familie Kaufmann angegliedert, die ihren Gästen auf Wunsch dann bestimmt auch die berühmten »Semmelnknödeln« serviert – aber dies für Nichteingeweihte zu erklären, wäre noch einmal eine eigene Geschichte für sich.

Adresse Lindbergmühle 15, 94227 Lindberg-Lindbergmühle | **Anfahrt** über die B 11 Richtung Lindberg, dann der Hauptverkehrsstraße bis nach Lindbergmühle folgen | **Öffnungszeiten** täglich ab 13.13–18.18 Uhr (außer Mi) und auf Anfrage unter Tel. 09922/2974 | **Tipp** Im Bauernhausmuseum Lindberg werden die früher typischen Elemente des Bauens und Wohnens im Bayerischen Wald dokumentiert. Eine Besonderheit ist die Glasglocke im Turm der Kapelle.

51 Der Kleine Arbersee

Die schwimmenden Inseln

Zu sehen sind sie immer, die drei schwimmenden Inseln im Kleinen Arbersee – aber nicht immer am selben Ort. Denn – der Name verrät es bereits – die kleinen Eilande sind keine aus dem Wasser ragende Landmasse, sondern vielmehr drei durch ihr dichtes Wurzelwerk zusammengehaltene Moorfilze, die ursprünglich vom Grunde des Sees stammen. Durch die Aufstauung des Sees im 19. Jahrhundert lösten sich diese und treiben seitdem auf der Wasseroberfläche. Mittlerweile wachsen neben typischen Moorpflanzen sogar schon recht stattliche Bäume darauf.

Wie alle Bergseen im bayerisch-böhmischen Grenzgebiet ist auch der Kleine Arbersee ein Relikt der auslaufenden letzten Eiszeit. Als die Gletscher am Großen Arber vor etwa 10.000 Jahren durch die einsetzende Erderwärmung langsam zu schmelzen begannen, trugen sie neben ihrer Substanz aus Schnee und Eis auch riesige Mengen an Geröll zu Tal, die schließlich einen weiteren Abfluss des Schmelzwassers verhinderten – und im Gletscherbett den Kleinen Arbersee entstehen ließen.

Da das Wasser des Sees einen sehr niedrigen pH-Wert aufweist, galt es lange Zeit als zu sauer, um einen adäquaten Lebensraum für Fische zu bieten. In letzter Zeit sind im Kleinen Arbersee aber vereinzelt Saiblinge entdeckt worden, was dafür spräche, dass sich das Milieu des Wassers mittlerweile verbessert hat. Wie genau die Fische allerdings den Weg in den See gefunden haben – ob durch dessen kleinere Abflüsse oder sogar durch Laich am Gefieder von Wasservögeln –, das ist noch nicht abschließend geklärt.

Rund um den Kleinen Arbersee besteht seit 1959 ein gut 300 Hektar großes Naturschutzgebiet. Zu erreichen ist der Urzeitsee entweder zu Fuß oder mit Hilfe der Kleinen Arberseebahn vom eigenen Bahnhof in Lohberghütte aus (circa 30 Minuten Fahrzeit). Direkt am Ufer des Gewässers liegt das Gasthaus »Seehäusl« – natürlich mit Blick auf den See und die schwimmenden Inseln.

Adresse 93470 Lohberg | **Anfahrt** über die B 11, B 20 oder B 85 nach Lohberghütte, am Tierpark Startpunkt der Kleinen Arberseebahn (Frühjahr bis Herbst) | **Tipp** Die heimische Tierwelt lässt sich im ganzjährig geöffneten Tierpark Lohberg hautnah beobachten, wobei auf dem Gelände die verschiedenen Landschaftsbilder des Bayerischen Waldes als Themengebiete – wie »Bergwald« oder »Eiszeit« – dargestellt werden.

52 Die Hofmark-Brauerei

Von Loifling nach London

3,50 kostet das »1849« der Hofmark-Brauerei pro Flasche. 3,50 Pfund Sterling allerdings, denn zu bekommen ist das Premium Lager nur im Vereinigten Königreich. Genauer gesagt nur in London. Noch genauer gesagt nur bei Harrods. Denn das aus dem kleinen Loifling in der Nähe von Cham stammende Bier ist exklusiv nur im berühmtesten Kaufhaus der Welt zu beziehen – in der Brompton Road im Stadtteil Knightsbridge. Dort residiert das edle Haus, das zum Inbegriff des gepflegten Einkaufens geworden ist, bereits seit 1849 – was diesem ganz speziellen Bier zu seinem Namen verhalf.

Wem der Aufwand, für ein Hofmark-Bier extra nach London zu reisen, doch ein wenig übertrieben erscheint, der kann sich auch am heimischen Markt bedienen: Vom Hellen über das Export bis hin zum Pils und Weißbier reicht die Palette der kleinen Brauerei, deren historische Spuren bis ins 16. Jahrhundert zurückzuverfolgen sind. Sie verbindet dabei alte Braukunst mit einem Trend, der in den letzten Jahren vor allem aus den angelsächsischen Ländern wieder den Weg zurück nach Deutschland gefunden hat: die Rückbesinnung auf echte Handwerkskunst und die Konzentration auf den regionalen Markt – weg von der Massenproduktion der bisher so erfolgreichen »Fernsehbiere«.

Dass sich diese Reduzierung auf das Wesentliche positiv auf den Geschmack auswirkt, davon schienen auch die Manager von Harrods überzeugt gewesen zu sein, als sie auf der Suche nach einem typisch bayerischen Bier schließlich auf die kleine Hofmark-Brauerei zukamen. Ein zusätzliches Argument waren wohl auch die schönen traditionellen Bügelflaschen, die Hofmark für alle seine Biere verwendet.

In der hauseigenen Brauereigaststätte, die sich ein paar Häuser weiter in derselben Straße befindet, lassen sich sämtliche Biere des kleinen Brauhauses dann auch selbst einmal probieren – bis auf das eine ganz spezielle, versteht sich.

Adresse Hofmarkstraße 15 (Brauerei) und Hofmarkstraße 29 (Gasthaus mit Biergarten), 93455 Loifling | **Anfahrt** B 20 in Richtung Cham fünf Kilometer vor Cham bei der Ausfahrt Wilting verlassen und den Wegweisern zum Churpfalzpark folgen, die auch zur Brauerei und zum Gasthaus führen | **Öffnungszeiten** Brauereigaststätte im alten Wasserschloss (ehemaliges Brauhaus): Mi–Sa ab 16 Uhr, So, Feiertage ab 9.30 Uhr | **Tipp** Seit Anfang der 1970er Jahre ist der Churpfalzpark in Loifling eine feste Institution. Vor allem seine liebevoll gestalteten Gartenanlagen machen ihn zu einem Freizeitpark der ganz besonderen Art.

53 Die Herz-Jesu-Kirche

Jugendstil im Gotteshaus

Auf den ersten Blick ist es die pure Kraft der Farben, die das Innere der Ludwigsthaler Herz-Jesu-Kirche schon beim Betreten so ungewöhnlich erscheinen lässt. Hier begegnen dem Besucher keine weißen Wände und Decken, aus denen einzelne Bilder besonders hervortreten, sondern eine durchgehend bemalte Innenfassade, die eher an byzantinische Gotteshäuser denken lässt als an eine typisch niederbayerische Dorfkirche – und dabei in ihrer bis ins kleinste Detail ausgefeilten Gestaltung wohl sogar weltweit einmalig sein dürfte.

Von außen ahnt man noch nicht, welch ungewöhnliche Ausstattung sich im Inneren der Kirche verbirgt, die Ende des 19. Jahrhunderts mit der klaren äußeren Linienführung des neuromanischen Stils vom Architekten Johann Baptist Schott erbaut wurde. Für die Gestaltung des Kirchenraumes taten sich damals der Ludwigsthaler Pfarrer Johann Baptist Wolfgruber und der Kirchenmaler Franz Xaver Hofstötter zusammen – um in einer Art Arbeitsteilung wahrhaft Einmaliges zu schaffen. Während Wolfgruber ein ganz eigenes theologisches Konzept für die Gestaltung ausgearbeitet hatte, führte Hofstötter dieses dann in jahrelanger Kleinarbeit aus.

Anfangs noch an romanische Vorbilder angelehnt, entwickelte der Kirchenmaler dabei mehr und mehr seine ganz persönliche, ganz besondere Darstellungstechnik, die deutliche Züge des Jugendstils trug. Dabei verließ Hofstötter jedoch nie die konzeptuelle Vorgabe des Pfarrers, sodass jede auch noch so kleine Ausschmückung, jedes scheinbar noch so nebensächliche Detail immer Teil eines größeren Ganzen war – nichts in der Gestaltung des Ludwigsthaler Kirchenraumes blieb daher dem Zufall überlassen.

So schufen ein Pfarrer und ein Kirchenmaler in einem kleinen Ort im Bayerischen Wald ein heute wie damals wohl einzigartiges Gotteshaus – auch wenn man diesem das von außen eben nicht unbedingt ansieht.

Adresse Eisensteiner Straße, 94227 Lindberg-Ludwigsthal | Anfahrt Die Kirche liegt direkt in Ludwigsthal an der B 11 zwischen Zwiesel und Regenhütte. | Tipp In Ludwigsthal befindet sich auch das Nationalparkzentrum Falkenstein mit der Informationsstelle »Haus zur Wildnis«, dem Tier-Freigelände und der Steinzeithöhle.

54 Der WaldWipfelWeg und das Haus am Kopf

Verkehrte Welt

Wie ein Steg in ein wogendes Meer aus Bäumen führt er hinaus, der WaldWipfelWeg in Maibrunn bei Sankt Englmar. Über den Baumkronen eröffnet der 2,50 Meter breite Pfad den Besuchern die Möglichkeit, den Bayerischen Wald einmal aus einer ganz anderen Perspektive kennenzulernen. Bis zu 30 Meter »schwebt« der Weg über dem Boden und sorgt so auch fast wie nebenbei für eine faszinierende Fernsicht – auf die atemberaubende Berglandschaft des Bayerischen Waldes auf der einen und über die weiten Ebenen des Donautals und des Gäubodens auf der anderen Seite.

Buchstäblich wieder auf dem Boden der Tatsachen angekommen ist man dann auf dem Naturerlebnispfad, der vor allem Kindern viele Einblicke in die Geheimnisse der heimischen Natur bietet, aber auch mit einer Kletterwand oder einem Seilgarten noch weitere Attraktionen bietet. Ein kleiner Zoo mit Alpakas, Lamas, Kängurus und Schwarznasenschafen gehört ebenfalls dazu.

Ein weiterer Erlebnispfad und die »Höhle der Illusionen« beschäftigen sich mit optischen Phänomenen, die den Besucher immer wieder in die Irre führen und fortlaufend an seiner eigenen Wahrnehmung zweifeln lassen.

In dieselbe Kerbe, nur in seinen Dimensionen noch etwas ausgeprägter, schlägt auch das »Haus am Kopf« (für weniger dialektsichere Menschen: das »Haus auf dem Kopf«). In diesem Gebäude steht auf zwei Stockwerken tatsächlich alles verkehrt herum und ermöglicht einen echten Perspektivwechsel. So spaziert man in den unterschiedlich eingerichteten Zimmern auf der Decke herum und blickt nach oben zum Fußboden, wo natürlich auch die Sofas, Tische oder Stühle stehen – oder vielmehr hängen, so sicher ist sich der Besucher da nach einiger Zeit nicht mehr. Bestimmt ist er aber nach einer Weile wieder froh, in die »richtige« Welt zurückzukehren.

Adresse Maibrunn 9a, 94379 Sankt Englmar-Maibrunn | **Anfahrt** über die A 3 Regensburg–Passau an der Ausfahrt Bogen oder von der B 20 kommend über Haibach in Richtung Sankt Englmar und der Beschilderung nach Maibrunn folgen | **Öffnungszeiten** täglich April–Okt. 9–19 Uhr, Nov.–März 10–16 Uhr | **Tipp** Nicht weit vom WaldWipfelWeg entfernt liegt in Richtung Sankt Englmar am Egidi-Buckel in Grün eine Sommer-Rodelbahn mit einem kleinen Freizeitpark.

55 Der Schlupfstein von Sankt Peter und Paul

Kirche und Kulte

Ähnlich wie die Burg Falkenstein liegt auch die Filialkirche Sankt Peter und Paul auf einem imposanten Granitkegel im Vorderen Bayerischen Wald. Da keine urkundlichen Belege über den Bau des Gotteshauses in Marienstein vorliegen, kann der Entstehungszeitpunkt nicht exakt datiert werden. Der Legende nach war ihr Erbauer aber ein gewisser Freiherr von Satzenhofen, der die Kirche um 1500 in Auftrag gegeben haben soll, um so seinen Mord am eigenen Bruder zu sühnen.

Vielleicht gab es aber in noch früherer Zeit auf der Bergkuppe, auf der das Gotteshaus heute steht, auch eine befestigte Anlage, zu der die kleine Kirche – damals wohl noch eher als Kapelle – gehörte. Wofür die Tatsache sprechen würde, dass es sich ohne eine derartige Festung eigentlich nicht gelohnt hätte, so nah an der viel größeren Ortschaft Falkenstein eine eigene Kirche bauen zu lassen.

Doch nicht nur das Entstehungsdatum, sondern auch eine andere Besonderheit der Mariensteiner Kirche ist bisher noch nicht zur Gänze geklärt. So »lehnt« an einer Seite der blanke Fels an die Kirchenmauer und lässt nur einen schmalen Spalt zum Boden frei. Viele Heimatforscher sehen darin eine Analogie zu den in der Gegend recht verbreiteten sogenannten Schlupfsteinen, die bei vorchristlichen Kultstätten dazu dienen sollten, durch den Körperkontakt zum blanken Gestein in einem engen Spalt zwischen zwei Felsen symbolisch auch die eigenen Sünden abzustreifen.

Ob auch auf dem heutigen Standort der Mariensteiner Kirche einst ein solcher heidnischer Kultplatz angesiedelt war und ob Sankt Peter und Paul gebaut wurde, um diesen in die christliche Heilslehre zu integrieren oder eher, um jenes Brauchtum an Ort und Stelle zu verdrängen – darüber gehen die Meinungen bis heute auseinander. So bleibt Marienstein in mancherlei Hinsicht ein Rätsel.

Adresse Marienstein, 93167 Falkenstein | Anfahrt über die A 3 Regensburg–Passau, Ausfahrt Wörth-Ost/Falkenstein oder die B 20 nach Falkenstein, von dort in Richtung Roding, nach wenigen Kilometern geht es links nach Marienstein (beschildert) | Tipp Die Wälder und Berge rund um Marienstein und Falkenstein beherbergen noch weitere vorchristliche Kultstätten. Bekannt sind die Granitblöcke der »Heiligenkammer« westlich von Marienstein und auch der Schlupfstein auf dem Ronberg zwischen Falkenstein und Michelsneukirchen

56 Die Klosterbibliothek

Die Schönheit des Wissens

Was den Besucher beim Betreten der alten Klosterbibliothek in Metten mehr fasziniert – die schiere Anzahl an historischen Büchern oder die pure Schönheit der Raumgestaltung –, das mag individuell verschieden sein. Gänzlich unbeeindruckt verlässt jedenfalls niemand die geschichtsträchtigen Räumlichkeiten.

Es muss um das Jahr 1265 gewesen sein, als der Aufbau der alten Bibliothek in Metten begann. Das Kloster selbst wurde zwar bereits 500 Jahre zuvor gegründet, jedoch machte ein verheerender Brand im Jahr 1236 einen Neuanfang allen klösterlichen Lebens erforderlich. Um 1400 erhielt die Bibliothek eine Schreibschule, etwa 200 Jahre später wurde sie um zahlreiche Handschriften und Druckwerke erweitert, für die 1624 dann auch die entsprechenden baulichen Kapazitäten geschaffen wurden.

Es sollte aber noch knappe 100 Jahre dauern, bis diese Räume durch den Stuckateur Franz Joseph Ignaz Holzinger und den Freskanten Innocenz Waräthi ihre barocke Gestalt annahmen, die heute noch deren Faszination ausmacht. Die aufwendig gearbeiteten, dazu passenden Bücherschränke schuf der Straubinger Schreinermeister Jakob Schöpf.

Heute sind in den Regalen um die 35.000 Bücher zu finden. Allerdings entstammen nur die wenigsten davon noch dem Originalbestand. Denn durch die Säkularisation im Jahr 1803 wurde dieser aufgelöst und die Bücher verkauft oder an verschiedene andere Bibliotheken verteilt. So wurden 1830 bei der Wiedererrichtung des Klosters dann auch nur knapp 300 Bände zurückgeführt, alle weiteren Bücher im späteren Verlauf hauptsächlich aus anderen Klöstern übernommen. Heute finden sich in Metten zum Beispiel Werke aus Andechs, Oberalteich und Prüfening oder aus aufgelösten Bibliotheken aus dem schwäbischen oder Allgäuer Raum. Sie alle konservieren das Wissen der vergangenen Jahrhunderte für die Nachwelt – in den wohl schönsten barocken Räumen Europas.

Adresse Abteistraße 3, 94526 Metten | **Anfahrt** über die A3 Regensburg–Passau, Ausfahrt Metten, auf der Hauptverkehrsstraße bis zur Klosteranlage fahren, dann nach rechts der Abteistraße zur Klosterpforte folgen | **Öffnungszeiten** Führungen Di–So 10 und 15 Uhr (außer an Feiertagen) | **Tipp** An das Kloster angeschlossen ist der wunderschön angelegte und unbedingt sehenswerte Prälatengarten, der an die Tradition der barocken Klostergärten anknüpft.

57 Das Burgmuseum

Handwerk, das begeistert

Die Burg Mitterfels ist anders als andere Burgen – alleine schon wegen ihrer außergewöhnlichen Lage. Hält der Besucher in dem kleinen Kurort im Landkreis Straubing-Bogen nämlich Ausschau nach der ehemaligen Wehranlage und folgt dem Namen vertrauend der örtlichen Burgstraße, so führt diese den Besucher nicht wie erwartet etwa auf eine stattliche Anhöhe. Vielmehr schickt sie ihn erst einmal bergab. Die alte Wehranlage liegt nämlich ein gutes Stück unterhalb des heutigen Ortskerns.

Sieht man sich auf dem Gelände der Burg dann aber ein wenig um, erkennt man, dass dieser Standort – anders als zunächst vermutet – durchaus klug gewählt war. Denn die Burganlage thront auf einem Felsensporn, der nach drei Seiten steil abfallende Felswände besitzt. Die vierte Seite ließ sich mit ihrem tiefen Burggraben und den massiven Mauern sehr gut gegen mögliche Angreifer verteidigen.

Im Jahr 1780 wurde ein Gebäudeteil der alten Festung in das Schloss Mitterfels umgewandelt, in dem lange Jahre das Land- und das Amtsgericht ihren Sitz hatten. Heute beherbergt es die Behördenstellen der Verwaltungsgemeinschaft Mitterfels.

Im gegenüberliegenden Gebäude ist das Burgmuseum untergebracht. Die meisten der dort gezeigten Exponate gehen auf den Sammler Josef Brembeck zurück, der sie noch zu Lebzeiten dem Museum vermacht hatte. Dieses zeigt jeweils in einem eigenen Raum komplett eingerichtete Werkstätten verschiedener alter Handwerksberufe. Die Zimmer waren früher übrigens echte Gefängniszellen, eine davon ist im Originalzustand zu sehen.

Daneben bietet das Mitterfelser Museum aber auch noch weitere Besonderheiten: So sind kunstvoll gestaltete Wegkreuze ebenso zu bewundern wie historisches Spielzeug oder ein komplett ausgestattetes Apothekenzimmer. Auch ein vollständig erhaltenes mechanisches Uhrwerk einer alten Kirchenuhr ist prominent ausgestellt – hier »unten« auf Burg Mitterfels.

Adresse Burgstraße 2, 94360 Mitterfels | **Anfahrt** von der B 20 bei Steinach oder bei Ascha in Richtung Mitterfels, in der Ortsmitte in die Burgstraße abbiegen und bis zum Ende der Straße fahren | **Öffnungszeiten** Ostermontag – Ende Okt. So 14 – 17 Uhr, Gruppenführungen auf Anfrage bei der Tourist-Info Mitterfels unter Tel. 09961/940025 | **Tipp** Seit Ende 2013 ist die Sanierung der Mitterfelser Hien-Sölde abgeschlossen. Dieses ehemalige Kleinbauernhaus ist einer der ältesten Blockbauten in ganz Niederbayern.

58 Der Kreuzweg und der Kalvarienberg

Leiden auf dem Pfahl

Ein besonderer Ausdruck der typischen Volksfrömmigkeit im Bayerischen Wald ist in der Ortschaft Moosbach zu finden. Wie an anderen Stellen des Mittelgebirges bricht hier das bekannte Quarzriff des Pfahls aus dem übrigen Gestein hervor. Auf dessen Rücken wurde 1852 ein Kreuzweg errichtet, der an die Stationen des Leidens Christi erinnert. Im hinteren Teil steigt der Weg ein wenig an, bis er schließlich auf dem Kalvarienberg an der höchsten Stelle des Pfahls endet.

Als Kalvarienberg wird ganz allgemein ein religiöses Denkmal bezeichnet, an dem die Kreuzigungsszene auf dem Golgota nachgestellt wird. Die Römer übersetzten den aramäischen Namen des Berges mit »calvariae locus« (also »Ort des Schädels«), wovon sich schließlich der heutige deutsche Begriff ableitet.

Gute 700 Meter lang ist der Kreuzweg bis dort oben zu seinem Endpunkt, gesäumt wird er von 14 Granitstelen, in deren Kopfteilen jeweils eine der Leidensstationen Christi künstlerisch dargestellt ist. Die Originalbilder aus dem Jahr 1852 sind nicht mehr erhalten, zu sehr hatten ihnen Wind und Wetter zugesetzt. Die aktuellen Bilder aus dem Jahr 1989 stammen von dem Moosbacher Kunstmaler Hans Höcherl.

Eine Besonderheit, die den Moosbacher Kreuzweg und seinen Kalvarienberg von anderen unterscheidet, ist die »Ölberggruppe« zu Füßen der steinernen Anhöhe. Sie besteht aus dem betenden Christus, drei schlafenden Jüngern und einem Engel. Zudem ist – durch ein Gitter geschützt – auf der anderen Seite des Berges in einer kleinen Höhle das Grab mit dem Leichnam Jesu zu sehen.

Ein zutiefst weltlicher Aspekt des Kalvarienberges bei Moosbach darf auch noch Erwähnung finden: Von seinem höchsten Punkt aus genießt der Besucher einen herrlichen Blick auf die sanft geschwungenen Hügel des nördlichen Bayerischen Waldes.

Adresse Viechtacher Straße, 94267 Prackenbach-Moosbach | **Anfahrt** von der B 85 in Richtung Cham ungefähr fünf Kilometer nach Viechtach links in Richtung Moosbach abbiegen, der Kreuzweg und der Kalvarienberg befinden sich kurz vor dem Ortseingang auf der rechten Seite | **Tipp** Ein besonderer Platz der Ruhe ist auch das Schwedenkreuz bei Moosbach. Ein Bänkchen unter einer schattenspendenden Birke lädt dabei vielleicht auch zum Nachdenken darüber ein, ob es wirklich schwedische Soldaten aus dem Dreißigjährigen Krieg waren, die hier begraben sein sollen – das grob behauene Granitkreuz hat nämlich wahrscheinlich schon ein paar Jährchen mehr auf dem Buckel.

59 Das Schwirzer-Denkmal

Bei Nacht und Nebel

Seit die Tschechische Republik 2007 dem Schengen-Raum der EU beitrat, entfielen die Grenzkontrollen bei der Einreise nach Deutschland – und natürlich ebenso umgekehrt. Jeder Bürger kann nun auch außerhalb der offiziellen Grenzübergänge – ohne zeitliche Begrenzung und ohne Reisedokumente vorlegen zu müssen – von einem Land ins andere reisen. Vor allem auf den zahllosen Wanderwegen im Grenzgebiet kann man häufig kaum mehr genau sagen, in welchem Staat man sich momentan gerade befindet.

Diese Freiheit gibt es erst seit relativ kurzer Zeit. Im Kalten Krieg war die Grenze zwischen Böhmen und Bayern scharf bewacht, aber auch in den Jahrhunderten davor sicherten Grenzschützer und Zöllner die territoriale Integrität ihrer Länder. Dabei war es häufig gar nicht einmal der illegale Grenzübertritt an sich, der das Problem darstellte. Vielmehr war es der florierende Schmuggel, der diesen »kleinen Grenzverkehr« bestimmte. Wobei der Begriff »Grüne Grenze« wohl kaum irgendwo so zutreffend war und ist wie im Bayerischen Wald mit seinem gut 100 Kilometer langen Waldgebiet – was die Grenzkontrollen natürlich von jeher immer schon erheblich erschwerte.

In Neuaign, einem Ortsteil von Eschlkam, führt die Hauptstraße direkt zum ehemaligen Grenzkontrollpunkt Všeruby. Zur Erinnerung an all die Schmuggler des Bayerischen Waldes – in der Region auch »Pascher« oder »Schwirzer« (vom »Schwärzen« des Gesichts) genannt – mit ihren häufig recht abenteuerlichen Geschichten wurde hier das Schwirzer-Denkmal errichtet. Denn oftmals war es in früheren Zeiten weniger kriminelle Energie als vielmehr die reine wirtschaftliche Not, die auch vermeintlich ehrbare Bürger dazu brachte, Dinge wie Schnaps, Tabak, Salz, Zucker, Fleisch, Mehl oder Getreide, aber auch lebende Hühner, Ochsen oder Pferde bei Nacht und Nebel durch die unwirtlichen Wälder im Grenzgebiet zu schmuggeln.

Adresse Schachtener Straße/Brandweg, 93458 Eschlkam-Neuaign | Anfahrt Von der B 20 bei Furth im Wald in Richtung Eschlkam abfahren, am Ortsausgang links in Richtung Landesgrenze abbiegen, dann circa 500 Meter nach Neuaign links in die Schachtener Straße. An der Abzweigung nach rechts im Brandweg steht das Denkmal. | Tipp Zwischen Furth im Wald und Eschlkam befindet sich der Drachensee mit seinen vielen Wassersportmöglichkeiten, seinem markanten Kunstwerk »Mythos Drache« und seiner Seebühne.

60 Die Bogenbau-Werkstatt

Noch jede Menge Pfeile im Köcher

An das Mittelalter erinnern im Bayerischen Wald manchmal nicht nur die vielen Burgen und Schlösser. Im kleinen Grafenauer Ortsteil Neudorf etwa geht die Familie Binder seit vielen Jahren einer ganz speziellen Leidenschaft nach, die sich ursprünglich aus dem Jagd- und dem Kriegshandwerk dieser schon so weit zurückliegenden Epoche entwickelt hat – und heutzutage als moderne Sportart gilt: Die Rede ist vom Bogenschießen.

Dabei haben die Binders ihr Hobby längst auch zum Beruf gemacht: In ihrem Laden in Neudorf, der früher einmal als Metallbauwerkstatt und Kunstschmiede diente, finden sich auf 200 Quadratmetern neben Bögen, Pfeilen und Köchern natürlich auch die unterschiedlichen anderen Utensilien, die man für diesen Hochkonzentrationssport benötigt. Dabei verkauft der Neudorfer »Bogenshop« aber nicht nur die Sportgeräte namhafter Hersteller direkt vor Ort und – über das Internet – mittlerweile auch europaweit, sondern produziert auch selbst: Der Inhaber Helmut Binder baut in seiner Werkstatt nämlich seine eigenen Bögen und gibt sein Wissen in speziellen Bogenbau-Kursen auch an seine Schüler weiter.

Doch nicht nur das Bauen, sondern natürlich auch das Schießen selbst will gelernt sein. Auf drei unterschiedlichen dreidimensionalen Parcours und einer mittelalterlich rustikal eingerichteten Innenanlage kann der richtige Umgang mit den modernen Sportbögen trainiert werden, entsprechende Kurse werden natürlich auch angeboten.

Hierbei lässt sich dann auch recht schnell erfahren, dass das Bogenschießen eigentlich weit mehr ist als eine Sportart unter vielen. Die immer gleichen Bewegungsabläufe, die nötige Konzentrationsfähigkeit und die absolute Fokussierung auf das Ziel haben dabei fast schon einen meditativen Charakter. Doch von solch positiven »Nebenwirkungen« für unsere moderne Welt wusste man im Mittelalter natürlich noch nichts.

Adresse Neudorf 9, 94481 Grafenau-Neudorf | **Anfahrt** direkt über die B 533 zwischen Grafenau und Freyung in die Ortsmitte von Neudorf | **Öffnungszeiten** Mo–Do 9–12 Uhr und 13–17 Uhr, nach Vereinbarung Fr 9–17 Uhr, Sa 9–12 Uhr unter Tel. 08552/973661 | **Tipp** Im nahen Grafenau steht direkt am Westeingang des Kurparks das sehenswerte Bauernmöbelmuseum.

61 Der Berührstein

Hand drauf!

Das Kunstwerk hat mit seinen 30 Kilometern Durchmesser wahrlich beeindruckende Ausmaße: Denn eigentlich gibt es ja nicht nur den einen Berührstein in Neukirchen beim Heiligen Blut, sondern gleich deren elf – und genau das ist auch der Gedanke dahinter. In fünf deutschen Gemeinden (Arrach, Eschlkam, Lam, Lohberg und eben hier in Neukirchen) und fünf tschechischen Orten (Chudenín, Dešenice, Hamry, Strážov und Všeruby) sowie direkt an der deutsch-tschechischen Grenze am Osser (Ostrý) findet man jene geschliffenen Steine, die aus dem blanken Fels herausgearbeitet wurden und den Betrachter zum Berühren auffordern.

Diese Geste soll die Verbundenheit der verschiedenen Standorte symbolisieren, die durch ihr gemeinsames Grundgebirge miteinander in Kontakt stehen. Und so wie dieses Urgebirge aus Granit, Gneis und Glimmer durch geologische und tektonische Verwerfungen erst in seine heutige Form gezwungen wurde, so spannungsreich verlief auch häufig die Geschichte zwischen den Nachbarn hier im Grenzgebiet – zwischen Bayern und Böhmen beziehungsweise zwischen Deutschen und Tschechen.

Gestaltet wurde das Skulpturenprojekt vom Bad Kötztinger Künstler Alois Öllinger, der seine »Handschmeichler« in den Gemeinden des Aktionsbündnisses »Künisches Gebirge« schuf. Dieser Zusammenschluss von grenznahen Orten beider Länder arbeitet seit 2001 auf kultureller, politischer und wirtschaftlicher Ebene eng zusammen. Der Name des Aktionsbündnisses leitet sich von der früheren Bezeichnung dieser Region ab, als der böhmische König (künisch bedeutet »königlich«) vom Beginn der Neuzeit an fast 300 Jahre lang die alleinige Macht über das Land diesseits und jenseits des Bayerischen Waldes innehatte.

Und so erinnern die Berührsteine in Neukirchen und den anderen Orten auch daran, die Verbundenheit mit den deutschen und tschechischen Nachbargemeinden immer wieder neu zu beleben.

Adresse Schlossweg, 93453 Neukirchen beim Heiligen Blut | **Anfahrt** Von der B 20 in Richtung Eschlkam oder von der B 85 in Richtung Bad Kötzting abfahren und jeweils der Hauptstraße bis zum Marktplatz in Neukirchen folgen. Unterhalb des Rathauses (Parkplatz) führt der Schlossweg rechts zu einer kleinen Treppe, die wiederum zu einem Gärtchen mit dem Berührstein führt (Baierweg-Markierung folgen: blaue Raute auf weißem Grund). | **Tipp** Das Neukirchener Wallfahrtsmuseum im ehemaligen Pflegschloss auf der anderen Seite des Rathauses gilt wegen seiner modernen Gestaltung und besucherfreundlichen Präsentation als eines der schönsten Museen des gesamten Bayerischen Waldes.

62_Der Baumwipfelpfad und der Baumturm

Über allen Wipfeln ist Ruh

Ein wenig erinnert der riesige Baumturm, die Hauptattraktion des Baumwipfelpfades in Neuschönau, an die Kuppel des Reichstagsgebäudes in Berlin. Denn hier wie dort erklimmt man die Spitze in weiten Spiralbögen und kann seinen Blick nicht nur in die Ferne schweifen lassen, sondern auch beobachten, was sich im Inneren des Kuppelbaus so abspielt. Wobei die Gemeinsamkeiten hier aber schon enden. Denn während man sich in der hektischen Hauptstadt in der Mitte eines wahren Häusermeeres befindet, erlebt der Besucher hier am Rande des Nationalparks Bayerischer Wald Natur pur.

Oben auf 44 Metern Höhe angekommen, schweift der Blick gen Osten über den Lusen und den Rachel, gen Süden sind an klaren Tagen die Alpen zu sehen. Im Inneren des eiförmigen Turmes stehen drei mächtige Bäume, um welche die riesige Kuppel herumgebaut wurde.

Erreichen kann man die eigenwillige Konstruktion über einen auf mächtigen Stelen ruhenden Pfad, der sich in einer Höhe von acht bis 25 Metern barrierefrei durch den dichten Wald schlängelt. Zählt man die spiralförmige Rampe im Turm dazu, ergibt sich eine Strecke von 1.300 Metern, die der Besucher in luftiger Höhe zurücklegen kann. An zahlreichen Informationsstationen wird das fragile Ökosystem Wald näher erläutert, drei Erlebnisstationen fordern mit ihren Seil- und Wackelbrücken, Trapezen und Balancierbalken die Geschicklichkeit der Besucher heraus.

Der Neuschönauer Baumwipfelpfad ist Teil des Nationalparkzentrums Lusen, zu dem auch das Hans-Eisenmann-Haus als Informationszentrum, ein 200 Hektar großes Tierfreigelände und ein liebevoll angelegter Natursteingarten gehören. Der Höhepunkt im wahrsten Sinne des Wortes ist und bleibt aber der mächtige Kuppelbau – denn zumindest den in Neuschönau sollte man einmal gesehen haben.

Adresse Böhmstraße 43, 94556 Neuschönau | **Anfahrt** von der B 533 bei Grafenau oder Hohenau in Richtung Neuschönau abbiegen, dort der Böhmstraße zum Baumwipfelpfad folgen | **Öffnungszeiten** täglich Jan.–März 9.30–15.30 Uhr, April 9.30–18 Uhr, Mai–Sept. 9.30–19.30 Uhr, Okt. 9.30–18 Uhr, Nov.–Dez. 9.30–15.30 Uhr | **Tipp** Etwas »geerdeter« als der hohe Baumwipfelpfad präsentiert sich das historische Freiluftmuseum im nahen Finsterau.

63_Der Eisvogelsteig

Mitten im Fluss

Er ist nur etwa 40 Gramm schwer, heißt mit zoologischem Namen »Alcedo atthis« und ziert das Logo des Landesbundes für Vogelschutz in Bayern (LBV): der kleine, hellblau-orange gefiederte Eisvogel. Und er stand Pate für den wohl ungewöhnlichsten Klettersteig in Deutschland: Denn der Eisvogelsteig im oberpfälzischen Arnschwang führt nicht an rauen Felswänden vorbei oder überwindet schmale Bergrücken – nein, er liegt vielmehr mitten im Wasser, genauer gesagt im Fluss Chamb!

Wie bei einem normalen Steig ist man auch hier durch ein stabiles Seil gesichert und erkundet so – zusätzlich ausgerüstet mit einer wasserdichten Wathose – die Flusslandschaft rund um das LBV-Zentrum »Mensch und Natur«. Ein kleiner tragbarer Audio-Führer erklärt dabei dem Wasserwanderer an ausgewählten Stationen das Leben im und um den Fluss. Da die Strömung des Wassers zwar durchaus spürbar ist, aber nie wirklich gefährlich wird, ist der Eisvogelsteig für Kinder nicht nur geeignet, sondern auch in erster Linie für diese gedacht – wie übrigens die gesamte Anlage.

Denn neben dem Eisvogelsteig bietet das 100.000 Quadratmeter große Gelände jede Menge Möglichkeiten, die Natur für sich zu entdecken: Ausgehend von der historischen Mühle, in der auch die LBV-Geschäftsstelle und ein kleiner Laden sowie das Café Alcedo untergebracht sind, führt ein Bohlenweg in die umliegende Auenlandschaft, eine gläserne Imkerei gibt Einblicke in das Leben der Bienen, und ein Labyrinth aus Weiden fordert den eigenen Orientierungssinn heraus. Darüber hinaus bietet das LBV-Zentrum über das Jahr verteilt diverse Vorträge, Exkursionen und Workshops über die heimische Flora und Fauna an. Viele Gelegenheiten also, sein Wissen über die Zusammenhänge in der Natur zu erweitern und auch selbst auf Entdeckungstour zu gehen – und vielleicht hier und da auch einen Blick auf den kleinen Eisvogel zu erhaschen.

Adresse Nößwartling 12, 93473 Arnschwang-Nößwartling | **Anfahrt** auf der B 20 Cham–Furth im Wald die Ausfahrt Arnschwang nehmen, der Chamer Straße in Richtung Arnschwang folgen, dort kurz vor dem Dorfplatz nach rechts in die Zenchinger Straße einbiegen und bis zum Ortsteil Nößwartling fahren, hier nach der ersten Kurve scharf rechts auf das Gelände des LBV-Zentrums abbiegen | **Öffnungszeiten** LBV-Zentrum: Mo–Fr 9–16 Uhr (ganzjährig außer Weihnachtsferien), So und an Feiertagen 14–17 Uhr (Mai–Sept.) | **Tipp** Arnschwang selbst ist auch bekannt als Ort der sogenannten Schrazellöcher, also künstlich angelegten kleinen Höhlen, in denen der Sage nach Zwerge (»Schrazeln«) gelebt haben sollen. Der Labyrinthbrunnen am Dorfplatz sowie der Schrazelrundweg durch die kleine Gemeinde erinnern an diese »unterirdische« Vergangenheit.

64_Die Donaufähre

Flüssige Verbindung

Wo die Donau Deutschland und Österreich trennt, da verbindet sie die beiden Länder gleichzeitig auch – mit Hilfe der Donaufähre in Obernzell. Denn mit Ausnahme des Donaukraftwerks Jochenstein, das gleichzeitig auch als Grenzübergang und »Brücke« für Fußgänger und Fahrradfahrer dient, gibt es auf einer Distanz von gut 30 Kilometern zwischen Passau und dem österreichischen Niederranna im Mühlviertel keine andere Möglichkeit, den breiten Fluss zu überqueren.

Und so verbindet die Obernzeller Fähre auf dem Wasserweg die deutsche Bundesstraße 388 mit der B 130 (Nibelungenstraße) auf der österreichischen Seite. Tausende Autos, aber auch etliche Lastwagen, Busse, Traktoren und Motorräder sowie natürlich unzählige Fußgänger und Radfahrer setzen pro Jahr über. Damit ist die Fähre ein unverzichtbarer Teil der regionalen Verkehrsinfrastruktur.

Ursprünglich verlief auf der heutigen Route seit 1870 eine Drahtseilfähre für den Personen- und Warentransport. Nach dem Zweiten Weltkrieg wurde die Verbindung nach Österreich bis 1949 auf Geheiß der US-amerikanischen Besatzungstruppen unterbrochen. Mit dem Bau des Donaukraftwerks Jochenstein in den 1950er Jahren wurde die Drahtseilfähre schließlich durch ein motorgetriebenes Schiff ersetzt, das nach einem honorigen Bürger der Gemeinde Obernzell auf den Namen »Franz Paul Kaufmann« getauft wurde. 1966 trat dann mit der größeren »Hafnerzell« – benannt nach dem ursprünglichen Namen von Obernzell, der bis ins 16./17. Jahrhundert gebräuchlich war – die bis heute noch aktive Fähre auf den Plan.

Startpunkt des Schiffs auf deutscher Seite ist die Anlegestation an der Straße zum Kraftwerk Jochenstein gleich gegenüber dem Schlossgarten. Flussaufwärts verläuft ab hier auch die sehr schön angelegte Donaupromenade, die in ihrer Verlängerung über den Treidelweg am Fluss entlang bis zum kleinen Obernzeller Bootshafen führt.

Adresse Jochensteiner Straße, 94130 Obernzell | **Anfahrt** die B 388 in der Ortsmitte für ein kurzes Stück in Richtung Jochenstein verlassen | **Öffnungszeiten** Nov.–April Mo–Do 6.30–11 Uhr und 14–17 Uhr, Fr 6.30–11 Uhr und 12.45–17 Uhr, Sa 6.30–11 Uhr, Mai–Okt. Mo–Fr 6.30–17 Uhr, Sa, So und an Feiertagen 8.30–17 Uhr | **Tipp** Das Schloss Obernzell beherbergt unter anderem ein Keramikmuseum, das in erster Linie Ausstellungsstücke aus Beständen des Bayerischen Nationalmuseums zeigt.

65_Der Friedenhainsee

Wasser hat doch Balken

Blickt man auf eine Landkarte und sucht den kleinen Ort Parkstetten bei Straubing, dann fällt dem interessierten Betrachter in erster Linie eines auf: Es gibt sehr viel Blau zu sehen. Denn zwischen der 3.000-Seelen-Gemeinde und der nördlich verlaufenden Autobahn Regensburg–Passau reiht sich Weiher an Weiher und See an See. Eines der Gewässer ist der Friedenhainsee – und dieser genießt bei Sportbegeisterten einen ganz besonderen Ruf.

Dass sich im Bayerischen Wald viele Menschen im Winter entweder ein breites oder zwei schmale Bretter unter die Füße schnallen, um in den Skigebieten des Bayerischen Waldes die Pisten unsicher zu machen, ist hinlänglich bekannt. Weniger geläufig ist dagegen den meisten, dass im Sommer viele Menschen ihr Snowboard gegen ein Wakeboard oder ihre beiden Alpinski gegen zwei Wasserski tauschen – und sich auf nach Parkstetten machen.

Auch wenn sich der Aggregatzustand der Piste ändert, das Prinzip des lässigen Dahingleitens bleibt dabei das gleiche. Und dafür bietet der Friedenhainsee jede Menge Platz – und vor allem eine ganz besondere Attraktion: Die Wasserski- und Wakeboard-Seilbahn, welche die Läufer zieht, ist mit ihren 1.200 Metern Umlaufstrecke nämlich die längste auf der ganzen Welt. Für geübtere Wassersportler stehen auch spezielle Rampen – sogenannte Slider und Kicker – zur Verfügung, mit denen man noch gewagtere Figuren fahren kann. Einen speziellen Service gibt es für gestürzte Läufer: Diese werden nämlich mit dem Motorboot wieder aus dem Wasser gefischt.

Neben Wakeboard und Wasserski bietet der Friedenhainsee aber auch ein gepflegtes Strandbad mit einer extrabreiten Rutschbahn, einer eigenen Wasserwachtstation, einem großen Campingplatz und einem Restaurant mit Frühstücksservice. So kann man die warmen Monate im Jahr getrost am Wasser verbringen – die ersten Flocken zum »richtigen« Skifahren fallen noch früh genug.

Adresse Münsterer Straße 50, 94365 Parkstetten | Anfahrt A3 Regensburg–Passau an der Ausfahrt Kirchroth/Straubing-Zentrum in Richtung Straubing verlassen und bei Kößnach abbiegen in Richtung Parkstetten oder die Ausfahrt Straubing/Parkstetten nehmen und der B20 bis Parkstetten folgen | Öffnungszeiten Wasserski: Mai–Mitte Sept. täglich ab 13 Uhr (entsprechend der Nachfrage), Strandbad: Mai–Mitte Sept. täglich 9–21 Uhr, Campingplatz: April–Sept. | Tipp Ein paar Kilometer weiter liegt Straubing, das nicht nur für seine wunderschöne Altstadt, sondern auch für seinen weitläufig angelegten Tiergarten – übrigens der einzige Zoo in ganz Ostbayern – bekannt ist.

66_Der Tölpel

Zurück im Glück

Da hängt er nun, im Schatten des Doms, und grinst. Etwas unbedarft vielleicht, aber eigentlich doch liebenswert. »Von Passau's Dom fiel ich herunter, wobei mein schöner Leib zerbrach. Bin trotzdem kreuzwohlauf und munter und nur im Kopf noch etwas schwach«, legte Anton Niederleuthner (1846–1907), Ehrenbürger und Königlicher Oberamtsrichter in Passau, dem massigen Steinkopf einst dichterisch in den Mund.

Vermutlich war der Tölpel ursprünglich Teil einer viel größeren Figur am Passauer Stephansdom, die beim verheerenden Stadtbrand von 1662 aber zerstört wurde.

Seinen nicht gerade schmeichelhaften Namen verdankt der massige Steinkopf wohl aber einer Schmähung, die der Augsburger Pater Gansler 1696 eigentlich für alle Einwohner der Dreiflüssestadt, zumindest aber für die Stadtoberen gebraucht hatte: Er störte sich nämlich daran, dass »die Dölpel von Passau« nach den großen Stadtbränden von 1662 und 1680 die Türme des Doms beim Wiederaufbau lediglich mit stumpfen Pultdächern versahen, um die Domkuppel besser hervorzuheben. Mit diesem Spottnamen mussten die Passauer seitdem leben und übertrugen ihn auch auf ihr steinernes Findelkind.

Seit seinem Sturz vom Dom »wanderte« der Passauer Tölpel eifrig durch verschiedene Aufenthaltsorte in der Passauer Innenstadt, ehe er 1884 auf der Veste Oberhaus für viele Jahrzehnte eine neue Bleibe finden sollte.

Seit 2003 hängt er an der Mauer des Landratsamtes in unmittelbarer Nähe zu seiner einstigen Heimstatt, dem mächtigen Stephansdom, und grinst weiter vor sich hin. Vielleicht auch, weil er sich dort wieder eher zu Hause fühlt. Der Passauer Stadtführer Jürgen Hellwing ließ ihn damals bei einer kleinen Feier jedenfalls sagen: »Vom Oberhaus stieg ich herunter, vorbei ist der Dornröschenschlaf, ich fühl mich kreuzwohlauf und munter und auch im Kopf nicht mehr so schwach.« Na dann: Willkommen zurück!

Adresse Domplatz 11, 94032 Passau | Anfahrt über die B 12 oder die B 85 in Richtung Passau und über die Schanzlbrücke in die Innenstadt fahren, der Beschilderung zum Landratsamt folgen | Tipp Seit 1977 gibt es im Passauer ScharfrichterHaus Musik und Kabarett von allerhöchster Güte. Die Auszeichnung mit dem ScharfrichterBeil ist zu einem der begehrtesten Kleinkunstpreise Deutschlands geworden.

67 Die neue Tussetkapelle

Gespiegelte Geschichte

Nur gute zehn Kilometer Luftlinie trennen die beiden Kapellen, die denselben Namen tragen, voneinander. Und doch lagen über viele Jahre Welten zwischen den beiden kleinen Gotteshäusern.

Die neue Tussetkapelle im kleinen Philippsreut an der Grenze zur Tschechischen Republik entstand Anfang der 1980er Jahre als Reminiszenz an das Originalgebäude, das sich bis heute nahe der kleinen Ortschaft Tusset (tschechisch: Stožec) befindet. Nach der Vertreibung der deutschstämmigen Bevölkerung aus dem kleinen Örtchen in den Jahren nach dem Zweiten Weltkrieg und der Spaltung Europas in zwei feindliche Blöcke während des Kalten Krieges wollten die Böhmerwäldler ihre kleine Kapelle wenigstens in einer nachgebauten Variante wieder errichten. Als idealer Standort bot sich dabei alleine schon wegen seiner Grenznähe Philippsreut an.

Ideengeber und Initiator war der in Filz, einem Ortsteil von Obermoldau (tschechisch: Horní Vlatevice), geborene Emil Weber. Nach zwei Jahren Planung und drei Jahren Bauzeit wurde die neue Tussetkapelle schließlich im Juli 1985 durch den Passauer Bischof Franz Xaver Eder geweiht.

Die kleine Holzkapelle steht mit ihrer Geschichte dabei auch stellvertretend für die bewegte, leider bisweilen auch recht blutige Vergangenheit zwischen Deutschen und Tschechen hier im bayerisch-böhmischen Grenzgebiet.

Über zwei Jahrzehnte nach der Öffnung des Eisernen Vorhangs und fast 70 Jahre nach dem Ende des Zweiten Weltkrieges ist es im heutigen gemeinsamen Europa, in dem es noch nicht einmal mehr Grenzkontrollen zwischen den beiden Nachbarländern gibt, fast nicht mehr vorstellbar, welch blinder Hass hier dereinst einmal regierte. Es nie mehr so weit kommen zu lassen und stattdessen auch in schwierigen Zeiten jeden Tag ein kleines Stück an einem Europa des Miteinanders statt des Gegeneinanders zu bauen – auch daran gemahnt die neue Tussetkapelle in Philippsreut.

Adresse Obermoldauer Straße, 94158 Philippsreut | **Anfahrt** direkt von der B 12 nach Philippsreut abbiegen und dann gleich rechts in die Obermoldauer Straße fahren | **Öffnungszeiten** täglich 8–20 Uhr | **Tipp** In Hinterfirmiansreut ist ein über 300 Jahre alter Lindenbaum zu bewundern. Zudem lockt der bekannte Almberg mit seinem Aussichtsfelsen viele Wanderer an.

68 Der Höllensteinsee

Kanada dahoam

Oft ist er in den letzten Jahren von cleveren Marketingstrategen bemüht worden, jener manchmal etwas windschiefe Vergleich: der Bayerische Wald als das »Kanada Europas«, so voller Wildheit und urwüchsiger Natur wie das Riesenland jenseits des Atlantiks. Dabei wirkt das süddeutsche Mittelgebirge mit seinen sanft geschwungenen Bergketten trotz seiner fraglos beeindruckenden Natur eigentlich alles andere als gigantisch, sogar eher etwas bescheiden – wenn ein Mittelgebirge eine solch menschliche Kategorie überhaupt besetzen kann.

Und doch kann man die bisweilen reichlich großspurige Analogie zumindest an einer besonderen Stelle vollauf nachvollziehen: Steht man an einem sonnigen Herbsttag am Ufer des wunderschönen Höllensteinsees oder erkundet diesen in seiner vollen Länge mit dem Ruderboot, wähnt man sich fast schon in einem Dokumentarfilm über die nordamerikanische Bergwelt, irgendwo in den Rocky Mountains vielleicht oder den Appalachen – so ursprünglich, so spektakulär wirkt das Gewässer mit seinen dicht bewaldeten Ufern und den an seiner Schmalseite steil aufragenden Felsenformationen.

Dabei ist der Höllensteinsee bei dem kleinen Ort Prackenbach, der sich das Flussufer allerdings noch mit anderen Gemeinden teilt, eigentlich alles andere als ein natürlich entstandener See. Er wurde in den 1920er Jahren angelegt, als man den Schwarzen Regen auf einer Länge von 5,6 Kilometern künstlich aufstaute, um dessen Wasser für die Stromerzeugung zu nutzen. Ein paar Kilometer flussabwärts findet sich mit dem Blaibacher See ein ähnlicher Stausee mit eigenem Kraftwerk, das allerdings erst 1964 in Betrieb genommen wurde.

Auf dem Höllensteiner Kraftwerkshäuschen am Staudamm indes prangt – etwas überraschend – in großen Lettern der Name »Stadt Straubing« und deren Wappen. Denn die Gäubodenstadt ist trotz der gut 50 Kilometer Entfernung noch immer Anteilseigner des Kraftwerkes.

Adresse 94267 Prackenbach | **Anfahrt** über die B 85 nach Viechtach und dann in Richtung Wettzell/Bad Kötzting fahren, kurz nach Lammerbach links abbiegen zum Höllensteinsee | **Tipp** Auf einem hohen Felsen nahe des Staudamms liegt das Gasthaus »Seeblick«, das seinem Namen auf wunderschöne Weise alle Ehre macht.

69 Das Hinterglasmuseum

Vollkommene Volkskunst

Das Hinterglasmuseum in Raimundsreut – oder, um präzise zu sein, sogar ein paar hundert Meter weiter in Neuraimundsreut – besteht im Grunde nur aus einem Raum. Und in diesem sitzt ein sehr schweigsamer Herr und malt.

Die Figur soll den Begründer der traditionellen Raimundsreuter Hinterglasmalerei, den in Schönbrunn geborenen Tobias Peterhansl, verkörpern. Er und seine Familie hatten diese Kunstform über mehrere Generationen fortgeführt und auch entscheidend geprägt.

Der kleine Ort Raimundsreut – benannt nach dem Passauer Fürstbischof Raymund Ferdinand Graf von Rabatta – war als typische Glasmachersiedlung einst im 18. und 19. Jahrhundert ein echtes Zentrum der Hinterglasmalerei. In Zeiten einer tiefen Volksfrömmigkeit waren die religiösen Motive so weit verbreitet, dass in den verschiedenen Familienwerkstätten der Region um die Glashütte Schönbrunn am Lusen bis zu 40.000 Votiv- und Heiligenbilder pro Jahr produziert wurden – eine gewaltige Menge, wenn man bedenkt, dass es sich bei jedem Bild um reine Handarbeit und somit im Grunde immer auch um ein echtes Unikat handelte. Viele Bilder gingen auch ins benachbarte Ausland, wohin sie meist von Kraxenträgern zu Fuß transportiert wurden. Der neu aufkommende Farbdruck läutete später schließlich auch in Raimundsreut das Ende der Hinterglasmalerei ein.

Besondere Aufmerksamkeit erhielt die Raimundsreuter Volkskunst noch einmal gegen Anfang des 20. Jahrhunderts, als die Künstlergruppe des »Blauen Reiter« um Kandinsky, Jawlensky, Marc und Macke auf der Suche nach Inspirationen für ihre Kunst auf die bewusst einfach gehaltenen Bilder aus dem Bayerischen Wald stieß. Heutzutage sind viele Werke der traditionellen Hinterglasmalerei in deutschen und internationalen Museen zu sehen oder bereichern private Kunstsammlungen – dabei fing doch alles einmal hier im kleinen Raimundsreut an.

Adresse Neuraimundsreut 43, 94545 Hohenau-Neuraimundsreut | Anfahrt von der B 533 aus Richtung Grafenau über Hohenau, Kirchl und Schönbrunn oder aus Richtung Freyung direkt über Schönbrunn durch Raimundsreut nach Neuraimundsreut fahren | Öffnungszeiten Mo 13–17 Uhr und nach Vereinbarung unter Tel. 08558/1337 | Tipp Von Raimundsreut ist es nicht weit bis nach Mauth in direkter Nähe zum Nationalpark. Das dortige Otterhaus informiert in einer sehr ansprechenden Ausstellung über den pelzigen Schwimmkünstler.

70 Die Baptist-Kitzlinger-Schanzen

Adler überm Bayerwald

Vielen Besuchern dieser ganz speziellen Attraktion im Bayerischen Wald bleibt nur der schüchterne Blick von unten – worüber aber die meisten wohl auch ganz froh sein dürften. Denn oben zu stehen auf einer der drei Skisprungschanzen in Rastbüchl, einem Ortsteil der Gemeinde Breitenberg im Landkreis Passau, hieße gleichzeitig auch, selbst einer der mutigen Sportler zu sein, die sich auf zwei schmalen Brettern durch die Lüfte hinuntertragen lassen. Und das überlässt man dann doch gerne lieber denjenigen, die dies freiwillig tun.

Aber auch als Zuschauer ist es faszinierend genug, den Skispringern einmal live zuzusehen. Und dabei spielt es auch keine Rolle, zu welcher Jahreszeit man die Schanzen besucht. Denn in Rastbüchl wird im Winter wie im Sommer gesprungen. Ist in der kalten Jahreszeit selbstverständlich Schnee der bevorzugte Untergrund für die Skispringer, landen diese im übrigen Jahr auf speziell gefertigten Mattenbahnen.

Im Jahr 1967 entstand die erste Schanze in Rastbüchl, nachdem die altgediente Adalbert-Stifter-Schanze nahe Breitenberg in die Jahre gekommen war. Das Gelände war von einem Brauereibesitzer aus Jandelsbrunn zur Verfügung gestellt worden, und etliche Vereinsmitglieder des ortsansässigen WSV-DJK Rastbüchl halfen in ihrer Freizeit unentgeltlich mit, um den Traum von der eigenen 50-Meter-Schanze zu verwirklichen. Bereits 1976 wurde die Anlage dann ausgebaut, um größere Weiten zu ermöglichen. Dabei wurde auch ein Kampfrichterturm errichtet und neue Tribünen für die immer zahlreicher werdenden Zuschauer gebaut. Seit 1989 verfügen die Rastbüchler Skispringer, die mit Michael Uhrmann und Severin Freund aktuell zwei der besten deutschen Athleten stellen, schließlich auch über ihre eigene Mattenschanze. Benannt wurde die Anlage nach dem damals amtierenden Landrat des Kreises Passau.

Adresse Hirschenbergweg, 94139 Breitenberg-Rastbüchl | Anfahrt von der B 12 über Hauzenberg und Sonnen in Richtung Breitenberg, circa fünf Kilometer vor Breitenberg links in die Rastbüchlstraße, dann links in die Gegenbachstraße abbiegen und der Beschilderung folgen | Tipp In Breitenberg wurde in einem alten Bauernhaus ein Webereimuseum eingerichtet, um die Tradition dieses einst so bedeutenden Gewerbes für die Nachwelt zu erhalten.

71 Das Bulldog-Oldtimer-Museum

Kraft auf vier Rädern

Zumindest hier auf dem Land im Bayerischen Wald begegnen sie einem beinahe täglich, die Bulldogs und Traktoren der Bauern, die schon so zum vertrauten Bild gehören, dass sie kaum mehr auffallen. Dass sich ein genauerer Blick auf die kräftigen Arbeitsmaschinen aber durchaus lohnen kann, das beweist das private Bulldog-Oldtimer-Museum in Rattenberg.

Dort – oder genauer gesagt im ein paar Kilometer südlich gelegenen Maierhof – hat der Seniorchef des dortigen Gasthofs und Hotels Dilger über lange Jahre eine vielfältige Sammlung historischer Bulldogs aufgebaut, die nicht nur in der Region einmalig sein dürfte. Allein schon der Klang der Firmennamen wird bei so manchem Traktorfan wohl nostalgische Gefühle wecken, denn all die ehemals großen deutschen Hersteller sind hier vertreten, zum Beispiel Allgaier, Eicher, Fendt, Hanomag, Lanz oder Schlüter.

Viele dieser Marken existieren heutzutage nicht mehr oder sind in internationalen Konzernen aufgegangen. So gesehen ist die Bulldog-Ausstellung auch in gewisser Weise ein Museum über die Geschichte der deutschen Industrie- und Agrarkultur.

Das älteste Exemplar der Sammlung ist ein 45 PS starker Lanz aus dem Jahr 1938, die »jüngsten« Traktoren stammen aus dem Jahr 1960. Neben den Bulldogs sind in der großen Ausstellungshalle aber auch andere landwirtschaftliche Geräte wie etwa ein 70 Jahre alter Dreschwagen zu bestaunen. Ebenso gibt es hier auch »straßentauglichere« Veteranen wie einen Opel Diplomat von 1966 oder ein BMW-Motorrad aus dem Jahr 1978 zu sehen.

Alle zwei Jahre findet in Maierhof ein Oldtimertreffen statt, zu dem Bulldog-Liebhaber aus ganz Bayern anreisen. Die altgedienten Traktoren sind aber natürlich auch sonst jederzeit auf Anmeldung zu besichtigen.

Adresse Maierhof 7, 94371 Rattenberg | **Anfahrt** über die B 20 oder die B 85 nach Rattenberg, von dort aus in Richtung Sankt Englmar, nach circa fünf Kilometern geht es rechts eine recht steile Straße hinauf nach Maierhof (Beschilderung »Gasthof und Hotel Dilger«) | **Öffnungszeiten** auf Anfrage unter Tel. 09963/910888 oder 493 | **Tipp** Im Heimatmuseum von Rattenberg ist unter anderem ein komplett eingerichtetes historisches Schulzimmer zu sehen.

72 Die Gläserne Scheune

Transparente Lebenskunst

Die Gläserne Scheune ist nicht einzuordnen – zumindest nicht in die üblichen Kategorien. Denn sie ist weder ein klassisches Museum noch eine echte Ausstellung und schon gar keine typische Galerie. Vielleicht lässt sie sich am besten und einfachsten als Lebenswerk beschreiben – nämlich als das des Glaskünstlers Rudolf Schmid. Im Jahr 1980 begann dieser mit der Unterstützung seiner Familie, eine alte Scheune in Rauhbühl nahe Viechtach zu einem großen Gesamtkunstwerk umzugestalten.

Neben den diversen Schnitzereien, Skulpturen und kleineren Glasarbeiten sind es vor allem die monumentalen Glasmalereien, die den Besucher in ihren Bann schlagen. Ein Beispiel hierfür ist die Räuber-Heigl-Glaswand: Bis unter das Dach der Scheune erstreckt sich dieses riesige Gemälde, das die Lebens- und auch Sterbensgeschichte des legendären Räubers aus dem Bayerwald nacherzählt.

Ein anderes großformatiges Werk ist die lediglich mit Bleistift auf Glas gezeichnete »Rauhnacht«, in dem ein wildes Hexentreiben dargestellt ist. Gute zwei Monate intensiver Arbeit benötigte Rudolf Schmid für die Gestaltung.

Die Glaswand, die dem Heiligen Franziskus gewidmet ist, wurde ursprünglich als Auftragsarbeit für die Passauer Kinderklinik angefertigt. Durch einen Planungsfehler zersprangen jedoch einige Scheiben bei Sonneneinstrahlung, sodass das Werk erneut gemalt werden musste. Die unversehrt gebliebenen Teile der ersten Version sind nun in Rauhbühl zu sehen.

Das für die meisten Besucher wohl immer noch faszinierendste Werk der Gläsernen Scheune ist auch eines der frühesten. Von 1980 an schuf Rudolf Schmid über drei Jahre seine ganz eigene Version von der Sage um den berühmten Waldpropheten Mühlhiasl. Auf einer Fläche von sieben mal zehn Metern entstand aus verschiedenen Einzelbildern ein Monumentalkunstwerk, das in Sachen Arrangement und Detailliertheit weltweit wohl seinesgleichen sucht.

Adresse Rauhbühl 3, 94234 Viechtach-Rauhbühl | Anfahrt von der B 85 in Richtung Lam/Arnbruck bis zur Abfahrt Schönau fahren, ab hier der Beschilderung folgen | Öffnungszeiten täglich April/Okt. 10–16 Uhr, Mai–Sept. 10–17 Uhr, Anmeldung für Gruppenführungen unter Tel. 09942/8147 | Tipp Am Viechtacher Stadtplatz kann im Haus des Handwerks ein sehr ansprechendes Museum besucht werden, das die Historie von 16 verschiedenen Handwerksberufen aufarbeitet und anschaulich präsentiert.

73 Die Bier- und Eiskeller

Von der Geschichte verschüttet

Die Kreisstadt Regen am gleichnamigen Fluss ist heute nicht mehr unbedingt als große Bierstadt bekannt. 10.000 Einwohner zählt die Kreisstadt – und besitzt nur eine Brauerei, die Privatbrauerei Falter. Das war einmal anders: Noch 1850 versorgte eine Brauerei statistisch gesehen 115 Regener, 14 Brauhäuser waren über die ganze Stadt verteilt.

Nachdem Regen 1468 von Herzog Albrecht IV. das Marktrecht verliehen bekam, blühte die Stadt auf. Der Handel florierte, was die kleine Stadt auch ihrer strategisch günstigen Lage zu verdanken hatte: Alle Reisenden zwischen München und Prag, welche die wichtige Handelsstraße »Via Bohemorum« (oder »Böhmweg«) nutzten, kamen um Regen buchstäblich nicht herum, mussten schlafen, essen – und eben auch trinken!

Das Ende dieser »Bierblüte« wurde durch den Bau der Bahnstrecke Deggendorf–Regen eingeläutet. Schwere Waren konnten jetzt auf den Gleisen transportiert werden, der Böhmweg verlor mehr und mehr an Bedeutung. Damit einher ging auch ein Rückgang der Besucherzahl – und somit auch der Biertrinker.

Mit den Brauereien gerieten auch ein paar ganz besondere Relikte dieser Zeit in Vergessenheit: die zahlreichen Bier- und Eiskeller der Stadt. Da Bier als empfindliches Nahrungsmittel stets kühl gelagert werden musste, trieben die Regener lange Stollen in die Erdwälle seitlich der Pfleggasse und kleideten diese mit Böden, Wänden und Decken aus Stein aus – natürlich alles in Handarbeit.

Nachdem immer mehr Brauereien schließen mussten, gerieten auch die unterirdischen Lagerstätten in Vergessenheit, viele verschwanden durch Erdaufschüttungen komplett aus dem Stadtbild. Bis sich eine Gruppe Regener Bürger im Jahr 2009 der alten Keller erinnerte und diese nach und nach wieder ausgrub. Heute stehen viele der ehemaligen Bier- und Eiskeller wieder zur Besichtigung, aber auch für Veranstaltungen aller Art zur Verfügung.

Adresse Pfleggasse, 94209 Regen | **Anfahrt** über die B 85 und die Ruselstraße in Richtung Innenstadt fahren, dann über die Ludwigsbrücke zum Stadtplatz, von hier aus links die Pfleggasse hinauf | **Öffnungszeiten** Führungen für Gruppen nach Vereinbarung unter Tel. 0170/3635914 | **Tipp** Weit über die Stadt Regen hinaus bekannt ist die Galerie Kalina, die nicht nur renommierten zeitgenössischen Künstlern ein Forum bietet, sondern auch über die reine Ausstellungstätigkeit hinaus Kunstprojekte und Kulturveranstaltungen präsentiert.

74_Das Regenufer

Leben am Fluss

Es gibt ihn in Schwarz und in Weiß, in Groß und in Klein: Der Regen ist der wichtigste Fluss im Bayerischen Wald, neben der Ilz und natürlich neben der Donau, in die er – nomen est omen – in Regensburg auch mündet.

Bevor er die Hauptstadt der Oberpfalz erreicht, hat sein Wasser allerdings schon eine recht ansehnliche Reise hinter sich: Im Norden entspringt er dem Kleinen Arbersee und wird mit kleineren Zuflüssen zum Weißen Regen, der sich in der Nähe von Bad Kötzting mit dem Schwarzen Regen vereinigt. Dieser wiederum speist sich aus zwei Quellen auf tschechischer Seite, die als Großer und Kleiner Regen später bei Zwiesel zusammenfließen.

Auf seiner Reise durch den Bayerischen Wald passiert der Fluss viele kleinere und größere Gemeinden, darunter neben den erwähnten Orten auch die Kreisstädte Cham und – fast könnte man es wieder erahnen – Regen. Ziemlich am Ende seines Weges erreicht er auch das kleine Reichenbach. Und gerade an dieser Stelle zeigt sich der Regen von seiner wohl schönsten Seite. Er weist hier zwar nicht mehr den rauen Charme und die wilde Ursprünglichkeit auf wie noch in seinem oberen Verlauf, zieht dafür aber nun in harmonisch geschwungenen Bögen durch die beschauliche Landschaft des Vorderen Bayerischen Waldes.

In Reichenbach selbst wird der Regen wie auf einer Allee bis zur Straßenbrücke von Bäumen gesäumt, dahinter schließt sich am linken Regenufer vor einer Flussinsel die kleine Promenade an. Am schönsten ist es am Fluss wohl an einem klaren Sommermorgen oder Sommerabend. Denn durch die Ausrichtung von Ost nach West spiegelt sich sowohl die aufgehende als auch die untergehende Sonne goldrot auf dem Wasser. Vielleicht auch deshalb haben die Reichenbacher eine ganz besonders innige Beziehung zu ihrem Fluss entwickelt. In ihrem Gemeindewappen ist der Regen als stilisierte Welle zumindest schon einmal verewigt.

Adresse 93189 Reichenbach | **Anfahrt** über die B 16 von Regensburg kommend in Richtung Roding, nach der ersten Regenbrücke erst rechts, dann links nach Reichenbach abbiegen | **Tipp** Fast wie eine Festung ragt das prächtige Kloster der Barmherzigen Brüder – eine ehemalige Benediktinerabtei – über dem Ort auf. Im 12. Jahrhundert erbaut, prägte es seitdem die Geschicke und die Entwicklung der Gemeinde Reichenbach entscheidend mit.

75 Das Monte-Denkmal

General Chancys letzte Fahrt

Es muss eine verzweifelte Entscheidung gewesen sein. Seit 134 Tagen schon wurde die französische Hauptstadt Paris belagert, deutsche Truppen hatten sie während des deutsch-französischen Krieges von 1870/71 eingekesselt. In einer eiskalten Dezembernacht, kurz vor Weihnachten, stieg um 2.30 Uhr bei heftigem Schneetreiben ein Ballon vom Typ »Monte« auf, um der Umklammerung durch die Deutschen zu entgehen und neben den vier Passagieren auch wichtige Unterlagen, Post und Brieftauben aus der Stadt heraus und somit in Sicherheit zu bringen.

Der Monte-Ballon – offiziell auf den Namen »General Chancy« getauft – war schon bei gutem Wetter äußerst schwierig zu manövrieren. Im Schneesturm über Frankreich geriet er aber schließlich so außer Kontrolle, dass er weit nach Osten abgetrieben wurde und ein paar Stunden später auf deutschem Gebiet bei Rothenburg ob der Tauber notlanden musste. Die Passagiere blieben zwar unverletzt, gerieten aber in Gefangenschaft. Die Dokumente und die Post der Franzosen wurden geborgen und zur militärischen Auswertung nach München gebracht.

Beim weiteren Entladen riss sich der Ballon durch eine Sturmbö dann plötzlich los und trieb nun gänzlich führerlos weiter gen Südosten. Gegen 14 Uhr ging er in der Nähe von Zwiesel nieder und wurde von Arbeitern der Pauli-Mühle am Reisachberg endgültig geborgen.

Der erbeutete Ballon diente schon bald danach mehreren bayerischen Städten als begehrtes Ausstellungsstück und brachte die erkleckliche Summe von 4.670 Gulden ein, die nach Abzug der Unkosten je zur Hälfte an die Militär-Unterstützungskasse und die Freiwillige Feuerwehr Zwiesel gingen.

In Erinnerung an jenen Tag im Dezember 1870, als der Ballon »General Chancy« hier im Bayerischen Wald niederging, errichteten Zwieseler Bürger im Jahr 1885 auf einer kleinen Anhöhe bei Reisachmühle das Monte-Denkmal.

Adresse 94264 Langdorf-Reisachmühle | **Anfahrt** Über die B 11 nach Zwiesel, von dort in Richtung Langdorf. Etwa einen Kilometer nach Zwiesel liegt Reisachmühle unter dem Viadukt über den Michelsbach. Am Ende der kleinen Straße, die parallel zur Staatsstraße verläuft, steht das Monte-Denkmal auf einer Anhöhe. | **Tipp** Im benachbarten Rabenstein führt ein gläserner Kreuzweg vom Schlossparkplatz aus auf den 950 Meter hohen Hennenkobel.

76_Die Hölle

Paradiesische Zustände

Eigentlich ist die landläufige Verkürzung seines Namens zur »Hölle« zutiefst ungerecht – denn das Höllbachtal in der Nähe von Rettenbach ist vielmehr paradiesisch schön. Im Falkensteiner Vorwald gelegen, erstreckt sich das urwüchsige Naturschutzgebiet über eine Fläche von ungefähr 18 Hektar – und dies quasi »grenzübergreifend«. Ein großer Teil des Tales liegt nämlich auf dem Gebiet des Landkreises Cham, ein Stück ragt aber noch in den Landkreis Regensburg hinein. Nach Osten hin wird es schließlich vom Kreis Straubing-Bogen begrenzt.

Die Hölle wird auf ganzer Länge durch den namensgebenden Höllbach durchflossen, der sich aus vielen kleineren Zuflüssen speist. Obwohl dessen Wasser gerade im Sommer durch einen kleinen Stausee bei Postfelden deutlich an Kraft verliert, schlängelt er sich munter plätschernd durch das von hohen Bäumen geschützte Tal und bildet an manchen Stellen sogar kleine Wasserfälle.

Eigentlich charakteristisch für die Hölle sind aber die unzähligen, wie von einer riesigen Hand wahllos auf dem Waldboden ausgeschütteten Granit- und Gneisbrocken und deren üppiger Moosbewuchs. Diese typische Kombination aus Grau und Grün begleitet den Wanderer dann auch auf der gesamten Wegstrecke. Wobei die Begehung dieses kleinen Naturwunders zwar durchaus anspruchsvoll ist und auf jeden Fall gutes Schuhwerk und Trittsicherheit erfordert, aber eigentlich niemals richtig anstrengend wird. Ein Grund dafür ist sicherlich, dass das Höllbachtal wie eine riesige Klimaanlage funktioniert, sodass es selbst im Hochsommer durch die geschlossene Baumkronendecke der riesigen Linden und durch das fließende Gewässer immer angenehm kühl ist.

In diesem einmaligen Naturschutzgebiet sind seit jeher auch viele seltene Tier- und Pflanzenarten heimisch, die es in dieser Fülle sonst kaum noch woanders zu bestaunen gibt – ein kleines Naturparadies eben mitten in der Hölle.

Adresse 93191 Rettenbach-Postfelden | **Anfahrt** über die A3 ab der Ausfahrt Wörth in Richtung Rettenbach oder Brennberg (Abzweigung dorthin ein paar Kilometer vor Rettenbach), von Rettenbach auch Weiterfahrt nach Postfelden möglich (dort gibt es einen Wanderparkplatz) | **Tipp** Im nahen Wörth findet sich nicht nur das beeindruckende Schloss, sondern die Gemeinde an der Donau hat auch seine – für Altbayern eher ungewöhnliche – historische Weinbautradition wieder aufleben lassen.

77 Das Bierhotel

Gehobene Trinkkultur

In anderen Hotels plündert der durstige Gast vielleicht des Abends die Minibar – im Bierhotel Gut Riedelsbach greift er ganz persönlich und entspannt zum eigenen Zapfhahn. Denn in der Bierhütte des Hotels, dem weltweit ersten und wohl auch einzigen Hotelzimmer mit Zapfanlage, wird dieser heimliche Traum eines jeden Biertrinkers wahr.

Zu behaupten, dass sich im Gut Riedelsbach bei Neureichenau alles um das Thema »Bier« drehen würde, wäre vielleicht übertrieben – aber fast alles. So braut man sein Bier natürlich noch selbst vor Ort und führt die Gäste auch gerne durch das eigene Brauereikulturmuseum, in dem sich unter anderem auch eine Sammlung von rund 3.000 verschiedenen Steinkrügen mit Brauereisiegeln befindet. Ein »Biergarten« der ganz besonderen Art ist der mehrere tausend Quadratmeter große Braugarten, in dem die Zutaten für ein gutes und vor allem auch nach dem Reinheitsgebot gebrautes Bier selbst erforscht und entdeckt werden können. So wandelt der Besucher etwa durch einen Hopfenstangentunnel oder lernt die einzelnen Getreidesorten in eigenen kleinen Feldern zu unterscheiden.

Dass Hotelchef Bernhard Sitter, Deutschlands erster diplomierter Biersommelier-Wirt, dabei gerne auch über den eigenen Tellerrand seines weit über die Region hinaus bekannten »Sitterbräus« hinausschaut, beweisen nicht nur die über 100 deutschen und internationalen Bierspezialitäten, die sein Haus führt, sondern auch die Einrichtungen seiner Landhotel-Zimmer: Jedes ist in Ausstattung und Farbgebung einer anderen bayerischen Biermarke gewidmet.

Eine Besonderheit auf Gut Riedelsbach stellt auch das sogenannte Bierkulinarium dar: Hier wird bei einem Fünf-Gänge-Menü zu jedem Gericht ein passendes Bier gereicht – was übrigens auch in einer internationalen Variante möglich ist. Denn was mit Wein funktioniert, kann mit Bier nicht verkehrt sein – schon gar nicht hier im Bierhotel.

Adresse Riedelsbach 12, 94089 Neureichenau-Riedelsbach, Tel. 08583/96040 | **Anfahrt** von der B 12 über Waldkirchen und Jandelsbrunn bis Neureichenau, kurz vor dem Ortseingang rechts abbiegen nach Riedelsbach | **Tipp** Neureichenau ist ein beliebter Ausgangspunkt für Wanderungen ins Dreisesselgebirge im Dreiländereck. Namensgeber des Gebirgszugs ist eine Steinformation, die drei riesigen Sesseln ähnelt, auf denen der Sage nach die Könige der drei Länder über eine gerechte Grenzziehung gestritten haben sollen.

78 Der ehemalige Horchposten

Im Osten viel Neues

Dass der Bayerische Wald über Jahrzehnte vom Rest Bayerns und erst recht vom Rest der Bundesrepublik immer ein wenig vergessen wurde, hing nicht nur, aber auch entscheidend von seiner ganz besonderen geografischen Lage ab. Vor allem die recht lange Grenze zur Tschechoslowakei drängte diese ländlich geprägte Region gerade während der Zeit des Kalten Krieges stets an den Rand des öffentlichen Interesses. Ein steinernes Monument aus dieser Zeit, als der Eiserne Vorhang nicht nur Europa als Ganzes, sondern auch die Menschen im Bayerischen Wald von ihren böhmischen Nachbarn trennte, steht in der Nähe von Rimbach auf dem Hohen Bogen: die ehemalige Einsatzstellung des sogenannten Fernmeldesektors F.

Auf diesem NATO-Horchposten, der Teil einer ganzen Reihe von Fernmeldetürmen in unmittelbarer Grenznähe zur Deutschen Demokratischen Republik und zur Tschechoslowakei war, dienten bundesdeutsche Soldaten, die im nahen Bad Kötzting stationiert waren, aber auch US-amerikanische und französische Militärangehörige. Ziel war die Aufklärung der ehemaligen Warschauer-Pakt-Staaten und hier natürlich im Besonderen der tschechoslowakischen Streitkräfte.

Teile der technischen Ausstattung des Fernmeldeturms, die von ehemaligen Bediensteten der Einsatzstellung als Dokumentation für die Nachwelt erhalten wurden, sind heute auf dem früheren Kasernengelände in Bad Kötzting in einer umfangreichen Ausstellung zu sehen.

In naher Zukunft soll auf Initiative des Vereins »sektor.f« die ursprüngliche Nutzung des Turms in ihr genaues Gegenteil verkehrt werden und eine Begegnungsstätte im Sinne des neuen, des grenzenlosen Europas entstehen – und eine »Aufklärung« der ganz anderen Art erfolgen: über ein Europa des Miteinanders, nicht der Gegensätze, ohne dabei aber die geschichtlichen Hintergründe dieser Anlage auszusparen. Gäbe es dafür einen besseren Ort?

Adresse Verein »sektor.f«, Am Schwarzriegel 1–6, 93485 Rimbach; militärhistorische Sammlung des Traditionsvereins Hohenbogen-Kaserne, Zeltendorfer Weg 38, 93444 Bad Kötzting | **Anfahrt** Von der B 85 bei Miltach und von der B 20 bei Furth im Wald in Richtung Bad Kötzting/Rimbach. Zufahrtsstraße bei Madersdorf zwischen Rimbach und Furth im Wald, allerdings nur bis zur Diensthütte Hoher Bogen öffentlich befahrbar. Die militärhistorische Sammlung des Traditionsvereins Hohenbogen-Kaserne befindet sich auf dem ehemaligen Kasernengelände in Bad Kötzting. | **Öffnungszeiten** militärhistorische Sammlung: Do 9–11.30 Uhr und auf Anfrage unter Tel. 09941/2718 | **Tipp** Auf dem Schlossberg in der Nähe von Rimbach thront die Burgruine Lichtenegg, zu deren Füßen im Sommer traditionell die historischen Burgfestspiele stattfinden.

79 Die Hexendokumentation

Schatten der Vergangenheit

Für ein Museum sei seine Ausstellung zu klein, sagt Josef Gross, der Hotelier aus Ringelai, weshalb er sie auch lieber eine Dokumentation nennen möchte. Doch größer braucht die exzellent recherchierte, eindrucksvolle Dauerausstellung tatsächlich gar nicht zu sein – auch so wird dem Besucher bewusst, welche ungeheuren Grausamkeiten sich hinter den sogenannten Hexenprozessen verborgen haben müssen, die auch in der Gegend um das so romantisch gelegene Örtchen im Landkreis Freyung-Grafenau stattfanden.

Wirken auf den ersten Blick der genau rekonstruierte Scheiterhaufen, der hölzerne Wippgalgen oder die diversen ausgestellten Folterinstrumente schon verstörend genug, entfaltet sich der wahre Schrecken aber eigentlich erst beim Lesen der originalen Verhörprotokolle und Richtersprüche, die auf Schautafeln in der Ausstellung zu finden sind.

Die Dokumentation im Hotel Gross bezieht sich auf einen ganz konkreten örtlichen Fall aus dem Jahr 1703: Afra Dick und Maria Kölbl wurden aufgrund abstrusester Vorwürfe beschuldigt, mit dem Teufel im Bunde zu sein. Die beiden einheimischen Frauen fanden ganz in der Nähe von Ringelai auf dem Scheiterhaufen einen furchtbaren Tod. Dass es damals etwa schon ausreichte, Wissen über die Heilkraft von Kräutern zu besitzen, oder sich alleine durch das Pflanzen von Blumen am Grab des verstorbenen Kindes in der Dämmerung verdächtig zu machen, scheint aus heutiger Sicht kaum mehr nachvollziehbar.

Inspiriert durch den Roman »Der Hexenstein« von Manfred Böckl schuf Josef Gross daher im Andenken an die hingerichteten Frauen die kleine Ausstellung in seinem Hotel, um die Erinnerung an die Grausamkeiten und Ungerechtigkeiten jener Epoche wachzuhalten. Denn zur Gänze gefeit gegen solche Missetaten ist letztlich auf Dauer wohl keine Gesellschaft – auch eine vermeintlich aufgeklärte und zivilisierte wie die unsere nicht.

Adresse Dorfstraße 22, 94160 Ringelai | **Anfahrt** von der B 12 in Richtung Ringelai und über die Brücke in den Ort hineinfahren, die Hauptverkehrsstraße führt direkt zum Hotel | **Öffnungszeiten** zu den üblichen Betriebszeiten des Hotels (Tel. 08555/258) | **Tipp** Noch viel weiter in die Vergangenheit als die Hexendokumentation führt den Besucher in Ringelai das Keltendorf Gabreta, in dem die frühzeitliche Kultur dieses Volksstammes hautnah erlebbar wird.

80_Das Feuerwehrmuseum

Retter in Rot

Gäbe es einen besseren Platz für ein Feuerwehrmuseum als eine Feuerwache selbst? In Roding, der knapp 12.000 Einwohner zählenden Stadt im Landkreis Cham, ist diese Verbindung von Vergangenheit und Gegenwart des Rettungswesens Realität geworden. Und so finden sich neben den hohen Hallen für die aktuellen Einsatzfahrzeuge in der Rodinger Wache auch auf zwei Stockwerken über 250 verschiedene Ausstellungsstücke aus über 150 Jahren Feuerwehrgeschichte.

Neben den alten Uniformen, Helmen und Werkzeugen sind es natürlich vor allem die historischen Löschfahrzeuge, die den Besucher in ihren Bann ziehen. Von handgezogenen Spritzenwagen über Pferdekutschen bis hin zum größten Ausstellungsstück der Rodinger Sammlung, einem Mercedes-Einsatzfahrzeug aus dem Jahr 1953, erstreckt sich die Palette der Exponate, die auch immer wieder Zeitgeschichtliches dokumentieren. So hebt sich beispielsweise das Tarn-Grün einer ganz besonderen Feuerlöschspritze deutlich von dem typischen Signalrot der anderen Fahrzeuge ab – diese Spritze stammte ursprünglich nämlich aus Beständen der Hitlerjugend. Ebenso ungewöhnlich präsentiert sich – zumindest hier in der Oberpfalz – auch ein Feuerlöschanhänger aus der »Feuerlöschgerätefabrik Görlitz«, der noch vom Staatswappen der DDR mit Hammer und Zirkel geziert wird.

Eine so breit gefächerte Auswahl an historischen Exponaten dürfte es in vergleichbarer Weise wohl nur noch in einigen Großstädten geben. Umso anerkennenswerter ist daher die liebevolle Akribie, mit der die Rodinger Feuerwehr hier ihre Ausstellungsstücke zusammengetragen hat.

Und eines wird dem Besucher des Museums auch schnell bewusst: Trotz all der technischen Entwicklung und der modernen Geräte muss es doch nach wie vor auch schlicht und einfach Menschen geben, die diese bedienen – und die im Ernstfall nicht nur im übertragenen Sinne für ihre Mitmenschen durchs Feuer gehen.

Adresse Ziehringer Weg 1, 93426 Roding | **Anfahrt** über die B 85 nach Roding hineinfahren und der Hauptverkehrsstraße bis fast zum Ortsausgang folgen, vor dem Friedhof links in den Ziehringer Weg abbiegen | **Öffnungszeiten** Fr 18 – 20 Uhr (außer an Feiertagen), Gruppenbesuche oder Führungen nach Anmeldung unter Tel. 09461/9147602 | **Tipp** Am flussabwärts linken Ufer des Regen wurde an der Straße zur Kienmühle der Rodinger Fischlehrpfad eingerichtet, der über die Artenvielfalt der im Fluss heimischen Fische informiert.

81 Die Steinerne Brücke

Ein Relikt aus goldenen Zeiten

Es gibt sie nicht nur »in Groß«, so wie ihre berühmte Schwester in der oberpfälzischen Hauptstadt Regensburg. Und natürlich führt die Steinerne Brücke in Röhrnbach im Landkreis Freyung-Grafenau auch nicht über die Donau, sondern nur über den kleinen Osterbach. Doch auch dieses Hindernis machte den Händlern mit ihren Pferdewagen vor dem Bau der Brücke im Jahr 1592 oftmals das Leben schwer. Über Jahrhunderte zogen die sogenannten Säumer – das Wort leitet sich vom mittellateinischen Wort »salma« oder »sauma« (»Traglast«) ab – mit ihren Waren von den Donautälern über den Bayerischen Wald hinüber ins Königreich Böhmen, um dort ihre Ware an den Mann zu bringen. Eine ganz besondere Rolle spielte hierbei das Salz – aufgrund seiner Kostbarkeit damals auch das »weiße Gold« genannt –, das meist über die Salzach und den Inn in Passau anlandete und von dort weiter über die Höhen des waldreichen Mittelgebirges transportiert wurde.

Ein besonders bedeutender Saumweg, also eine Teilroute des sogenannten Goldenen Steigs, führte von Passau nach Bergreichenstein (tschechisch: Kašperské Hory) – und dabei eben auch zunächst nach Röhrnbach, bevor er über Freyung und Kreuzberg schließlich Böhmen erreichte. Die älteste Steinbrücke im gesamten Unteren Bayerischen Wald leistete hierbei gute Dienste.

Im Laufe der Zeit geriet der Goldene Steig aber gegenüber anderen Handelsrouten mehr und mehr ins Hintertreffen. So gelangte das Salz ab dem frühen 18. Jahrhundert schließlich aus dem Salzkammergut über Linz ins Böhmische und läutete so den langsamen Niedergang der alten Strecke ein.

Die Steinerne Brücke bei Röhrnbach steht aber noch immer fest und fast ein wenig trotzig dort am Osterbach, als Erinnerung an die Blütezeit des Goldenen Steiges – auch wenn die parallel verlaufende Bahnlinie und die nahe Bundesstraße längst dessen Aufgabe übernommen haben.

Adresse 94133 Röhrnbach | **Anfahrt** aus Richtung Passau kommend direkt am Ortseingang von der B 12 in die Passauer Straße und gleich wieder rechts in Richtung Bruckmühle fahren | **Tipp** In und um Röhrnbach sind eine ganze Reihe alter Mühlen erhalten geblieben, die sich auf einem speziellen Wanderweg erkunden lassen.

82 Die Blaudruckerei Fromholzer

Schablonenhaftes Farbenspiel

Es ist ein altes Handwerk, das Josef Fromholzer beherrscht. Und viele Menschen dürfte es in Deutschland nicht mehr geben, die können, was er kann. Fromholzer ist Blaudrucker und Färber – mit eigenem Geschäft und eigener Werkstatt in Ruhmannsfelden.

Dabei ist die Berufsbezeichnung eigentlich ein wenig irreführend: Denn noch kein Blaudrucker hat jemals wirklich mit blauer Farbe gedruckt. Das Geheimnis der weißen Muster auf blauem Stoff liegt vielmehr darin, dass sie mit einer farbabweisenden Substanz millimetergenau auf die Leinen- oder Baumwollunterlagen aufgetragen werden, die wiederum dann im Ganzen gefärbt werden. Reservedruck nennt man diese Arbeitsweise, die heutzutage allerdings auch aus ökologischen Gründen immer mehr vom sogenannten Ätzdruck verdrängt wird.

Das wertvollste Kapital einer jeden Blaudruckerei ist ihr Bestand an verschiedenen Modeln, also an mit üppigen Ornamenten versehenen Druckstöcken, die später das Muster auf den Stoffen bestimmen. Dabei setzt der Blaudrucker gerade bei großflächigeren Stücken viele einzelne Modelabdrücke so präzise hintereinander, dass der Eindruck eines durchgehenden Musters entsteht.

Neben der Arbeit mit den Handmodeln hat sich auch, besonders in Künstlerkreisen, der Filmdruck mit Schablonen etabliert. Im Bayerischen Wald stehen dafür Namen wie Georg Achtelstetter, Paul Ernst Rattelmüller, Oskar von Zaborsky-Wahlstätten oder vor allem auch Hans Mauder.

Die Tradition der Familie Fromholzer als Blaudrucker und Färber reicht über 360 Jahre zurück, 1821 hat sie sich in der Ruhmannsfeldener Werkstatt niedergelassen. Im kleinen Laden finden sich unzählige Tischdecken, Kissenbezüge und andere Textilien – übrigens nicht nur in Blau –, die dem Kunden diese alte Handwerkskunst wieder nahebringen.

Adresse Marktstraße 1, 94239 Ruhmannsfelden | **Anfahrt** direkt von der B 11 in die Marktstraße abbiegen | **Öffnungszeiten** Mo–Fr 9–12 Uhr und 14–18 Uhr, Sa 9–12 Uhr, Tel. 09929/1098 | **Tipp** Ruhmannsfelden besitzt einen sehr schön gestalteten Marktplatz, der von der im klassizistischen Stil erbauten Kirche Sankt Laurentius dominiert wird.

83 Die Käsplatte

Auf den Trümmern ihrer Existenz

Neben den touristisch nahezu voll erschlossenen Bergen des Bayerischen Waldes wie Arber, Rachel, Osser oder Falkenstein – interessanterweise treten diese Formationen immer in einer »großen« und einer »kleinen« Variante auf, zum Beispiel als Großer und Kleiner Arber – führt ein etwas unscheinbarer, aber unbedingt auch sehenswerter Berg eine Art Randexistenz: die Käsplatte. Dieser Fast-Tausender und kleinere Nachbar des wegen seiner Wintersportmöglichkeiten weitaus bekannteren Pröllers gilt unter einheimischen Wanderern schon lange als Geheimtipp.

Zwar gehört die Käsplatte, deren genauer Namensursprung im Laufe der Jahrhunderte leider verloren ging, mit ihren 979 Metern nicht gerade zu den Riesen des Bayerischen Waldes, doch bietet sie dem Naturfreund einen interessanten Querschnitt über die immense Vielfalt an Vegetation dieses Mittelgebirges: Beim Aufstieg wechselt sich zähes Wildgras mit kräftigem Heidekraut ab, Birken, Fichten und Föhren säumen den steinigen Wanderweg, Wacholder- und Heidelbeersträuche liegen wie kleine grüne Inseln im Dickicht des Waldes.

Am Gipfel angekommen bietet sich dann ein überraschendes, fast bizarres Bild: Hunderte geborstene Granitblöcke bilden ein natürlich geschaffenes Trümmerfeld, das so gar nicht zur sonstigen so üppig bewachsenen Umgebung passen mag. Ähnlich wie bei ihrem »geologischen Bruder«, dem im Nationalpark Bayerischer Wald gelegenen Lusen, führte auch bei der Käsplatte eiszeitliche Erosion zur Sprengung des einst intakten Gesteins und hinterließ ein »steinernes Meer« auf ihrem Gipfel.

Nach dem Aufstieg auf den schroffen, wie von einem riesigen Hammer zerschmetterten Felsen zu sitzen, seine Brotzeit auszupacken und den Blick einfach über die sanft geschwungenen Bergketten des Bayerischen Waldes schweifen zu lassen – dies erklärt viel von dem Zauber dieses gerne »übersehenen« Ortes.

Adresse Hinterwies, 94379 Sankt Englmar | **Anfahrt** von der A3 Ausfahrt Bogen in Richtung Viechtach oder von der B85 bei Viechtach in Richtung Straubing, dann über Grün und Klinglbach nach Hinterwies (Parkplatz) | **Tipp** Seinen Namen hat der kleine Kurort Sankt Englmar von dem Eremiten Engelmar, der um 1100 von einem übelmeinenden Gefährten umgebracht und verscharrt worden sein soll. Das traditionsreiche Englmari-Suchen am Pfingstmontag erinnert an das Leben, Wirken und Sterben des berühmten »Ortsheiligen«.

84 Der Kräutersegen am Düllhof

Apotheke in freier Natur

Was heute der Gang in die Apotheke ist, war früher der Gang in den Kräutergarten. Denn nicht nur zum Würzen von Speisen kann man diese Gaben der Natur verwenden, sondern sie auch für medizinische Zwecke einsetzen. Das Wissen um die Heilwirkung so mancher Pflanze wurde dabei über Jahrhunderte – häufig nur in mündlicher Form – weitergegeben und bildet die Grundlage unserer heutigen Pharmazie. Dass diese Kenntnisse lange Zeit aber auch höchst argwöhnisch beäugt wurden und sogar Gefahr für Leib und Leben bedeuten konnten – davon künden zum Beispiel die vielen Hexenprozesse im Mittelalter, in denen kräuterkundliches Wissen per se schon verdächtig war.

Nach und nach scheint sich dieser kulturelle Erfahrungsschatz aber auch und gerade in unserer modernen Welt wieder durchzusetzen. Viele Menschen entdecken heute die Heilkräfte der Natur neu oder möchten zumindest mehr darüber erfahren.

Auf dem Düllhof am Hausstein bei Schaufling bietet sich die Gelegenheit dazu: Dessen Kräutergarten dient nämlich nicht nur dem Küchenchef des dortigen Gasthauses als Inspirationsquelle, sondern beweist auch bei allerlei gesundheitlichen Beschwerden wie Erkältungskrankheiten, Schlafstörungen oder Appetitlosigkeit, dass gegen diese durchaus ein Kraut gewachsen ist. Auf 600 Quadratmetern werden dabei insgesamt über 50 verschiedene Anwendungsgebiete abgedeckt.

Vom Kräutergarten führt ein etwa zwei Kilometer langer Kräuterlehrpfad buchstäblich durch Wald und Wiese. Frauenmantel, Huflattich, Mädesüß oder Spitzwegerich: Die Namen der meisten Pflanzen, die sich hier am Wegesrand entdecken lassen, klingen fast wie aus der Zeit gefallen – und machen dennoch neugierig auf das uralte Wissen über die Heilkraft der Kräuter.

Adresse Ensmannsberg 3, 94571 Schaufling | Anfahrt von der B 11 oder der B 533 in Richtung Schaufling abfahren, dort in Richtung Rusel-Passhöhe abbiegen | Öffnungszeiten Garten und Lehrpfad sind frei begehbar, Auskünfte unter Tel. 09904/293. | Tipp In Sicking, einem Ortsteil von Schaufling, befindet sich ein Alpakahof. Diese dem Lama nicht unähnlichen Tiere stammen aus Südamerika.

85 Das Emerenz-Meier-Haus

Born in Schiefweg

Ein Auswanderer-Museum? Mitten im Bayerischen Wald? An der Nordsee vielleicht, in Hamburg oder in Bremerhaven würde man ein solches Haus vermuten, das über die Beschwernisse und nicht selten auch Gefahren der großen Reise in die Neue Welt und das oftmals abenteuerliche Leben im fernen Amerika berichtet. Aber hier im abgelegenen Dörfchen Schiefweg bei Waldkirchen?

Die Verwunderung wäre in der Tat gerechtfertigt, wäre der kleine Ort nicht untrennbar mit dem Namen einer ganz besonderen Frau verbunden: Emerenz Meier. Mit jener bedeutenden Heimatschriftstellerin nämlich, die in ihren Gedichten und Erzählungen so eindrucksvoll über den Bayerischen Wald, über dessen Landschaft und Leute zu berichten wusste – und doch im Jahr 1906 aus wirtschaftlicher Not selbst ihre geliebte Heimat verließ, um ihr Glück in Chicago zu suchen.

Sie war zweifelsohne eine streitbare Person. Eine, die sich nicht abfinden wollte mit der aus Tradition und starren Konventionen gespeisten Rolle, die ihr von der Gesellschaft zugedacht war – weder hier im tiefsten Bayerischen Wald noch in diesem fremden Land jenseits des Atlantiks. Zahlreiche, zum Teil sehr bittere Briefe in die alte Heimat zeugen davon, dass Emerenz Meier auch in Amerika eine oftmals unverstandene Außenseiterin blieb.

Im Jahr 1997, fast 70 Jahre nach dem Tod von Emerenz Meier, schloss sich eine Gruppe von rührigen Bürgern im kleinen Schiefweg zusammen, um ihr Geburtshaus nicht nur vor dem Verfall zu bewahren, sondern daraus mit einem Gasthaus und einem Museum einen echten neuen Mittelpunkt des dörflichen Lebens zu schaffen. Die moderne multimediale Ausstellung des Museums informiert dabei in äußerst beeindruckender Weise über das Wirken der bayerischen Dichterin, aber eben auch über das schwere Los all der anderen Auswanderer, die ihre Heimat verließen, um im fernen Amerika ein besseres Leben zu suchen.

Adresse Dorfplatz 9, 94065 Waldkirchen-Schiefweg | Anfahrt von der B 12 bei Irlesberg in Richtung Waldkirchen abbiegen, der Straße folgen bis zur Abzweigung nach Schiefweg, dort bis in die Dorfmitte fahren | Öffnungszeiten Do, Fr 16.30–20.30 Uhr, Sa 12–20.30 Uhr, So und an Feiertagen 11–18 Uhr (außer Karfreitag und Allerheiligen), außerhalb der regulären Öffnungszeiten nach Absprache mit dem »Wirtshaus zur Emerenz« unter Tel. 08581/989190 | Tipp Im nahen Waldkirchen finden auf dem ehemaligen Gelände eines Sägewerks im »Haus der Natur, Kultur, Kunst und Jugend« regelmäßig Ausstellungen und Kulturveranstaltungen aller Art statt.

86 Der Hirtenstein

Das Wolfauslassen

Ein schmales, kurviges Sträßlein führt von der Bundesstraße bei Ruhmannsfelden hinauf in das kleine Dorf Schön – welches aber eigentlich nur aus dem Berggasthof und ein paar Häusern besteht. Hinter dem Gasthaus verläuft in einem weitläufigen Bogen ein Naturlehrpfad und beliebter Wanderweg rund um den 810 Meter hohen Spitzberg. Ziemlich am Ende dieses Weges steht an einem Ruhebänkchen ein mächtiger Steinbrocken, in den ein kleines Gedicht eingemeißelt ist. Es handelt sich hierbei um einen Hirtenspruch, der an die Tradition des Wolfauslassens – in manchen Orten auch Wolfausläuten genannt – erinnert.

In früherer Zeit hüteten die Hirten im Bayerischen Wald vom Frühjahr bis in den November hinein das Vieh der Bauern auf den entlegenen Bergwiesen. Um sie vor Bären und vor allem auch vor Wölfen zu schützen, trugen die Kühe Glocken um den Hals, deren Geläut die Raubtiere vertreiben sollte. Auch ließen sich so verloren gegangene Rinder leichter wieder aufspüren. Als akustische »Waffe« konnte der Hirte auch seine »Goaßl« – eine Art Peitsche – verwenden, die mit der richtigen Technik geschwungen einen lauten Knall erzeugte.

Am Ende der Hütesaison zu »Martini« (am Martinstag) trieben die Hirten das Vieh wieder in die Ställe der Bauern zurück. Aus Freude, ihre Arbeit auf den Höhen des Bayerischen Waldes für dieses Jahr nun erledigt zu haben und um ihre Arbeitgeber an den dafür fälligen Lohn zu erinnern, banden sich die Hirten selbst die Glocken um und schnalzten laut mit ihren »Goaßln«.

Diesen Brauch zelebrieren Jugendliche in vielen Orten des Bayerischen Waldes auch heute noch am Vorabend des Martinstags am 11. November. Mit überdimensionierten Kuhglocken bestückt ziehen sie von Haus zu Haus, zitieren dort einen Hirtenspruch – wie er eben zum Beispiel auf dem Stein in Schön verewigt ist – und fordern vom Hausherrn unter lautem Läuten einen kleinen Obolus, das Hirtengeld.

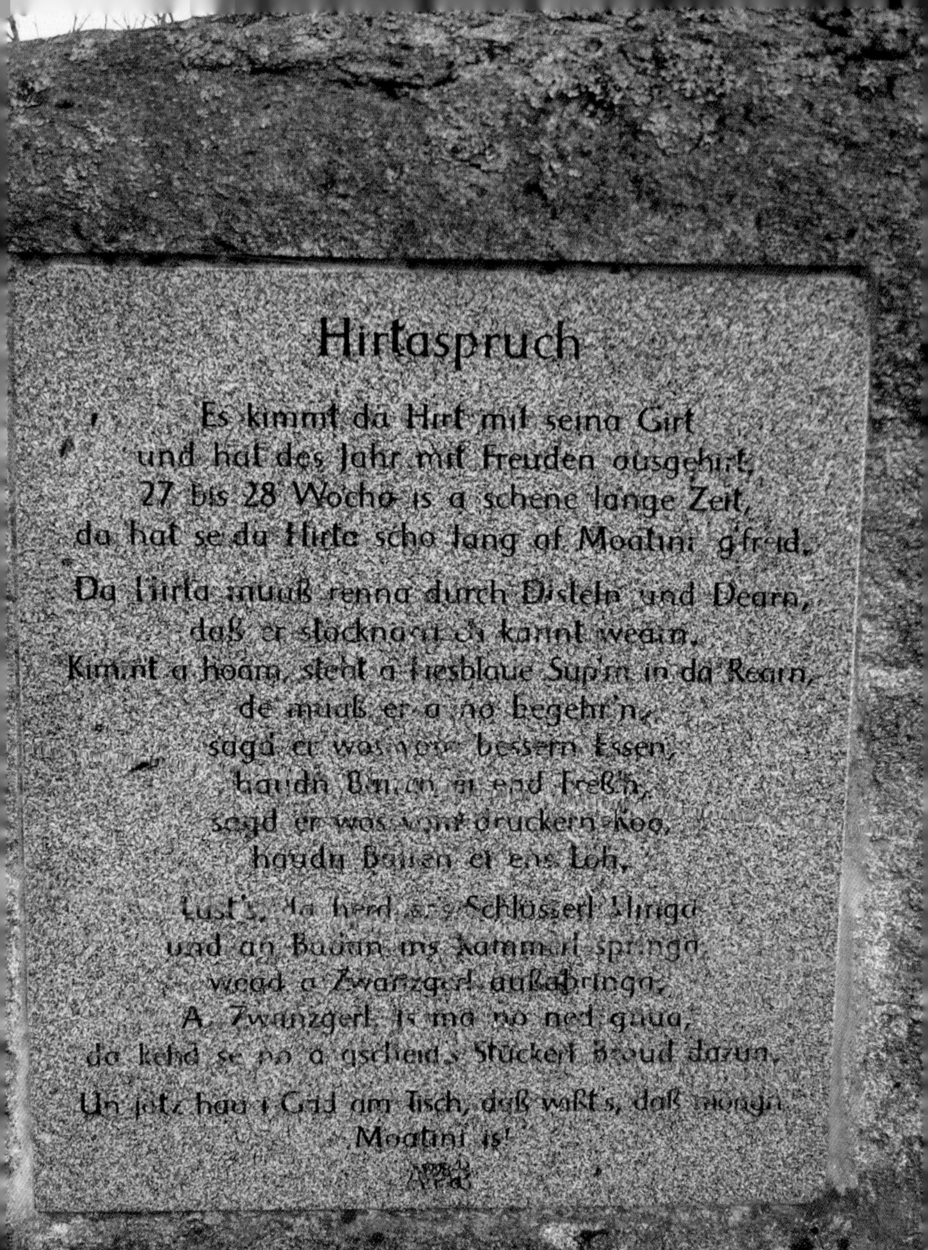

Adresse Schön, 94265 Patersdorf | Anfahrt von der B 11 aus Deggendorf kommend kurz vor Ruhmannsfelden links abbiegen und über Knabenhof nach Schön fahren (beschildert) | Tipp Die Hochburg des Wolfauslassens ist sicher Rinchnach, wo jedes Jahr Tausende Zuschauer den alten Brauch verfolgen. Die kleine Gemeinde hält seit 2009 auch den »Weltrekord« mit 1.370 Wolfauslassern.

87 Der Aussichtsturm auf dem Kadernberg

Beste Blicke

Man muss es neidlos anerkennen: Übertrieben haben die Gründerväter des Marktes Schönberg bei der Namensgebung für ihren kleinen Ort nicht. Über dem Tal der Mitternacher Ohe erhaben auf einem Bergrücken gelegen, ist es nicht nur der landschaftliche Reiz, der den Charme Schönbergs ausmacht, sondern in jedem Fall auch dessen architektonische Gestaltung. Vor allem der Marktplatz imponiert, dessen Häuser im prachtvollen Inn-Salzach-Stil mit ihren hochgezogenen Giebeln und Scheinfassaden bürgerliche Grandezza ausstrahlen. Vor allem, da man mit einer solchen Art von Architektur hier oben, mitten im Bayerischen Wald, nicht unbedingt rechnen kann.

Von vielen Stellen des Luftkurortes lassen sich wunderbare Aussichten genießen: auf die sanft geschwungenen Berge im bayerisch-böhmischen Grenzgebiet auf der einen und – zumindest bei klaren Bedingungen – auf die majestätische Alpenkette auf der anderen Seite. Einen ganz besonders guten Blick hat man natürlich erst recht vom Aussichtsturm auf dem Kadernberg, dem Hausberg der Gemeinde.

Die 30 Meter hohe Holzkonstruktion lässt sich dabei theoretisch nicht nur durch das Treppenhaus besteigen, sondern auch auf ganz andere Weise bezwingen. Eine Seite des Turmes ist nämlich als Kletterwand gestaltet – keine ganz leichte Aufgabe, auf diesem Weg in den Genuss des herrlichen Rundumblicks zu kommen.

Einer ähnlichen Herausforderung kann man sich auf dem Kadernberg aber auch auf dem angrenzenden Naturhochseilpark stellen. Auf fünf einzeln zugänglichen Schleifen lassen sich in bis zu 25 Metern Höhe die individuellen Grenzen austesten – und vielleicht auch ab und an überwinden. So wird ein Besuch in Schönberg vermutlich nicht nur wegen der architektonischen Schönheit des Ortes und der atemberaubenden Natur bei manchem Besucher auch ein Hochgefühl der ganz anderen Art hervorrufen.

Adresse An der Scheiben (Parkplatz), 94513 Schönberg | Anfahrt die B 533 in Richtung Schönberg verlassen und der Hauptverkehrsstraße bis fast zum Ortsende folgen, dort links abbiegen in die Straße An der Scheiben | Öffnungszeiten Wie das bewirtschaftete Turmstüberl ist auch der Aussichtsturm ganzjährig 10–18 Uhr (bei Veranstaltungen gegebenenfalls länger) geöffnet. | Tipp Im Schönberger Rathaus findet sich im ersten Stock eine Galerie mit Werken aller Mitglieder der Künstlervereinigung »Bayerwaldkreis«.

88 Der Wackelstein

Schwankende Erdgeschichte

Er war schon da, lange bevor unsere Spezies überhaupt die Erde bevölkerte. Und er wird – vermutlich – immer noch existieren, wenn es auf dem blauen Planeten keinen einzigen Menschen mehr geben wird, der ihn zum Schaukeln bringen könnte. Der Wackelstein von Solla ist ein Relikt aus dunkelster Urzeit, das auch heute noch ebenso rätselhaft wie faszinierend erscheint.

Festzustehen scheint, dass jenes Gestein, aus dem der Wackelstein besteht, vor etwa 300 Millionen Jahren in mehreren Kilometern Tiefe aus einer glutflüssigen Masse entstand. Die heutigen Gebirgszüge des Bayerischen Waldes drückten in den folgenden Jahrmillionen kontinuierlich nach oben und trugen die über ihnen liegenden Felsen so langsam ab. Dabei brachten sie dann auch jene Gesteine an die Erdoberfläche, die wir nach unserem heutigen Denken als schon immer zu diesem Mittelgebirge gehörend erachten.

Es ist aber erst die sogenannte Wollsackverwitterung, die unter bestimmten Bedingungen Naturphänomene wie den Wackelstein von Solla schafft. Nachdem zunächst bereits bestehende Risse größere Gesteinsfelder in mehrere Blöcke zerfallen lassen, werden die äußeren Schichten eines solchen Blocks über die Jahrtausende mehr und mehr abgetragen. Da die Stelle, an welcher der Stein den Boden berührt, von dieser Verwitterung nicht so stark betroffen ist, bleibt diese länger erhalten und bildet so im wahrsten Sinne des Wortes die Basis für dieses äußerst seltene Naturschauspiel.

Der Wackelstein von Solla wurde dabei – wohl für einen Zeitraum von ein paar zehntausend Jahren – so ausgerichtet, dass ihn trotz seiner geschätzten 50 Tonnen Gewicht ein einzelner Mensch zum Schaukeln bringen kann.

Es liegt auf der Hand, dass sich um solch ungewöhnliche Steine immer schon viele Sagen und Mythen gebildet haben. Dabei sind die wackeligen Ungetüme lediglich eine Laune der Natur – wenn auch eine besonders faszinierende.

Adresse 94169 Thurmannsbang-Solla | **Anfahrt** von der B 85 zunächst in Richtung Saldenburg, zum Wackelstein gelangt man nur zu Fuß, am besten über Solla (Wanderweg 71), Thurmannsbang (Wanderweg 61) oder Entschenreuth (Wanderweg 84) | **Tipp** In der Nähe des Wackelsteins findet sich auf dem Wanderweg 84 auch das »Steinerne Kirchlein«, eine Gesteinsformation, deren innere Felsen an den Gebetsraum einer Kapelle erinnern.

89 Der Sonnensystem-Wanderweg

Astronomische Lerneinheiten

149.597.870.700 Meter! So weit ist die mittlere Entfernung der Sonne von der Erde – Fachleute sprechen auch von einer astronomischen Einheit. In einem kleinen Örtchen im Landkreis Passau überbrückt man diese ungeheure Distanz allerdings problemlos in zwei Minuten.

Vieles spricht dafür, dass die kleine Gemeinde Sonnen nach unserem gleißenden Zentralgestirn benannt wurde – und nicht umgekehrt. Vielleicht auch ein wenig aus Trotz schufen sich seine Einwohner dann aber ihr ganz eigenes »Sonnen-System«.

Fällt der Blick erst auf das winzige Kügelchen, das auf dem Wanderweg unsere Erde symbolisiert, und danach auf die im Vergleich riesige Sonnenkugel am Rathaus, die am anderen Ende der Straße steht, fühlt man sich selbst plötzlich erst einmal ziemlich klein. Und man ertappt sich bei dem Gedanken, mit seinen eigenen täglichen Problemen eventuell doch nicht ganz so unmittelbar im Zentrum des Universums zu stehen, wie man das manchmal vielleicht gerne glaubt.

Und so führt der Sonnensystem-Wanderweg nicht nur vom Rathaus bis in den siebeneinhalb Kilometer entfernten Oberfrauenwald, von dessen Aussichtsturm man zurück auf die »Sonne« blicken kann, sondern eventuell auch zu der einen oder anderen Erkenntnis. Bei seiner Reise entdeckt der interessierte Wanderer dann buchstäblich im Vorübergehen auch noch die anderen inneren Planeten Merkur, Venus und Mars, die gewaltigen Gasriesen Jupiter, Saturn, Uranus und Neptun sowie am Ende den am weitesten von der Sonne entfernten Pluto.

Pluto? Es macht die Sonnener sympathisch, dass sie der kleinen kosmischen Steinkugel immer noch die Treue halten – erkannte ihm doch die Internationale Astronomische Union im Jahr 2006 den Status eines Planeten offiziell ab. Hier jedoch darf er bis heute den äußersten Planeten unseres Sonnensystems markieren – vielleicht ein kleiner Trost für den so schmählich degradierten Himmelskörper.

Adresse Schulstraße (Beginn), 94164 Sonnen | **Anfahrt** von der B 12 in Richtung Büchlberg abbiegen und über Hauzenberg nach Sonnen fahren, im Ort in die erste Straße rechts (Schulstraße) abbiegen und bis zur »Sonne« am Rathaus fahren | **Tipp** Die »SteinWelten« im nahen Granitzentrum Hauzenberg zeichnen die Geschichte der Granitgewinnung im Bayerischen Wald in eindrucksvollen Inszenierungen und mittels eines eigenen Schausteinbruchs nach.

90_Die Käferausstellung

Die Herrscher der Welt

Käfer und der Bayerische Wald? Da denken die meisten Menschen natürlich sofort an den berühmt-berüchtigten Buchdrucker aus der Familie der Borkenkäfer, der zum Beispiel für den »Kahlschlag« auf dem Lusen verantwortlich ist. Doch die Welt der Käfer ist in Wirklichkeit natürlich eine viel umfassendere und faszinierendere, als dass man sie auf diesen gefräßigen Forstschädling reduzieren dürfte.

Denn Käfer sind eigentlich die wahren Herren unserer Erde. Sie bilden die artenreichste Gruppe unter den Insekten und haben im Grunde alle Landmassen des Planeten erobert. Es gab sie lange vor den Menschen, und es wird sie wohl auch noch geben, wenn die Menschheit sich vielleicht schon wieder von der Erdoberfläche verabschiedet hat.

Dass dieses Erfolgsmodell der Evolution außerhalb von Biologenkreisen trotzdem kaum Beachtung findet, wird zwar ganz sicher nicht nur an dem etwas sperrigen Fachbegriff für die Käferkunde liegen – aber es gibt in der Tat Wörter, die sich leichter aussprechen lassen als »Koleopterologie«.

Ein solcher Koleopterologe ist auch Fridolin Apfelbacher. Zusammen mit seinem Kollegen Günther Geiß hat Apfelbacher in jahrzehntelanger Kleinarbeit eine flächendeckende Kartierung der Käfer im gesamten Bayerischen Wald vorgenommen. Nach einem exakt festgelegten Raster wurden so über 2.000 Arten erfasst.

Die dazugehörige Sammlung sowie viele weitere Exponate aus aller Welt hat Apfelbacher dem Nationalpark Bayerischer Wald vermacht, der diese in einer Dauerausstellung im ersten Stock seiner Informationsstelle in Spiegelau der Öffentlichkeit präsentiert.

Wer die wegen ihrer Vielgestalt, aber auch – man mag es vorher vielleicht nicht recht glauben – wegen ihrer Schönheit so faszinierenden Geschöpfe hier eine Weile betrachtet und studiert, wird wohl in Zukunft ein wenig anders über die sechsfüßigen heimlichen Herrscher unserer Welt denken.

Adresse Konrad-Wilsdorf-Straße 1, 94518 Spiegelau | **Anfahrt** über die B 85 bei Eppenschlag oder über die B 533 bei Grafenau in Richtung Spiegelau, in der Ortsmitte von der Hauptstraße in die Konrad-Wilsdorf-Straße einbiegen | **Öffnungszeiten** wie die Tourismusinformation Mo–Do 8–17 Uhr, Fr 8–15.30 Uhr, während der Saisonzeiten auch Samstagvormittag, Führungen nach telefonischer Vereinbarung unter Tel. 08553/2839 möglich | **Tipp** Ebenfalls im ersten Stock der Tourismusinformation ist die so wechselhafte Geschichte der hiesigen Waldbahn in einer Ausstellung nachzuerleben.

91 Der Stadtplatz in Straubing

Stadtluft macht stolz

Zu den Waidlern darf man sie streng genommen nicht zählen – die Menschen aus der Donaustadt Straubing. Und täte man es, würden sie sich dies wohl sehr schnell verbitten. Zu stolz sind sie auf ihre Stadt, auf das einzige – auch von der Einwohnerzahl her – bedeutende Zentrum am Flusslauf zwischen Regensburg und Passau. Dass etwas weiter stromabwärts auch noch die Stadt Deggendorf liegt, entfällt dem echten Straubinger dabei gelegentlich.

Aber ganz unberechtigt ist der Stolz ja auch tatsächlich nicht: Eingebettet in die fruchtbare Landschaft des Gäubodens besticht vor allem das historische Zentrum der Stadt durch seine architektonische Schönheit. Neben dem Herzogschloss direkt am Ufer der Donau, den prächtigen Klosteranlagen und den schon von Weitem sichtbaren Kirchentürmen ist es vor allem der Stadtplatz, der Einheimische wie Besucher immer wieder für sich einzunehmen weiß. Vor allem im Sommer gleicht er dabei mit seinen vielen Straßencafés oft eher einer italienischen Piazza als einem deutschen Marktplatz.

Wobei es *den* Stadtplatz für die Straubinger eigentlich gar nicht gibt: Nähert man sich von Westen, gelangt man auf den Theresienplatz mit seiner Dreifaltigkeitssäule und dem Tibertiusbrunnen, durchquert man von Osten kommend das Ludwigstor, betritt man den Ludwigsplatz, auf dem der Jakobsbrunnen steht.

Verbunden werden die beiden Plätze durch das Wahrzeichen der Gäubodenstadt, den 68 Meter hohen Stadtturm. Dieser erfuhr seine Grundsteinlegung bereits im Jahr 1316 und erhielt seine heutige Form mit den mittlerweile patinabedeckten Dächern im 16. Jahrhundert.

Die Häuserzeilen diesseits und jenseits des Stadtturms sind größtenteils spätmittelalterlichen Ursprungs und zeugen sowohl vom Repräsentationswillen des Adels als auch vom in Straubing recht früh ausgeprägten bürgerlichen Bewusstsein – was sich allem Anschein nach bis heute gehalten hat.

Adresse Theresienplatz/Ludwigsplatz, 94315 Straubing | **Anfahrt** von der B 8 über die Geiselhöringer Straße (Richtung Theresienplatz) oder von der B 20 über die Ittlinger Straße und die Heerstraße (Richtung Ludwigsplatz) ins Zentrum fahren | **Tipp** Über Straubing zu berichten, ohne auf das traditionelle Gäubodenvolksfest zu verweisen, ist eigentlich nicht möglich. Das zweitgrößte Volksfest in Bayern ist dabei ein noch sehr lokal verwurzeltes Ereignis geblieben, welches das öffentliche Leben der Stadt fast komplett bestimmt.

92 Das Fahrzeugmuseum Streicher

Benzin im Blut

Vielleicht war ja früher nicht wirklich alles besser, wie man ab einem gewissen Alter gemeinhin so zu glauben meint. Eines aber ist gewiss: Zumindest die Autos waren früher schöner.

Und man muss auch wahrlich kein Autonarr sein, um beim Betreten des Fahrzeugmuseums im Lallinger Ortsteil Stritzling erst einmal bass erstaunt zu sein. In Reih und Glied präsentieren sich hier alte und neue Klassiker des Automobilbaus: vom PS-strotzenden Rennsportboliden bis zum ganz gewöhnlichen Alltagsmobil.

Dem Besucher bietet die Fahrzeugausstellung immer auch eine kleine Zeitreise – wohl auch in die eigene, ganz persönliche Vergangenheit. »So einen bin ich früher auch gefahren« oder »Den hatte mein Vater mal«: Gedanken dieser Art schießen zumindest dem nicht mehr ganz so jungen Besucher unweigerlich durch den Kopf, wenn er durch die große Museumshalle wandelt und die automobilen Relikte aus der Vergangenheit betrachtet.

Ähnlich mag es auch den Motorradliebhabern gehen, wenn sie ehrfürchtig die Empore abschreiten, auf der alle bekannten Größen der Branche, aber auch einige Exoten des Zweiradbaus versammelt sind.

Doch neben all den Auto- und Motorradklassikern – die auch zum Verkauf angeboten werden – hat die Familie Streicher aus Lalling, die dort ein alteingesessenes Autohaus betreibt, auch andere Raritäten zusammengetragen. Alleine die Sammlung an Modell- und Miniaturfahrzeugen wäre dabei schon ein eigenes Museum wert.

Wenn die Gäste dann nach dem Besuch im Stritzlinger Fahrzeugmuseum wieder in ihre modernen, mit ABS, Sitzheizung und Einparkhilfe ausgestatteten Autos steigen, werden sie vielleicht doch noch einmal für einen kleinen Augenblick ein wenig nostalgisch werden – denn bequemer mögen die heutigen Autos ja tatsächlich sein, schöner aber eben auf keinen Fall.

Adresse Stritzling 191, 94551 Lalling-Stritzling | **Anfahrt** über die B 533 nach Lalling, durch den Ort hindurch in Richtung Stritzling, dort an der Kreuzung die Staatsstraße nach rechts verlassen, die nächste Straße wieder rechts und in die Einfahrt des Museums einbiegen (beschildert) | **Öffnungszeiten** Besichtigungen und Führungen nach Absprache unter Tel. 09904/83010 | **Tipp** In Datting und Gerholling steht jeweils ein sehenswertes denkmalgeschütztes, aber noch bewohntes Ensemble aus alten Waildlerhäusern.

93_Die Pestsäule

Im Angesicht des Schwarzen Todes

An der Friedhofsmauer der kleinen Gemeinde Tiefenbach im Passauer Land steht eine schmale, etwa mannshohe Säule. Sie fällt beim Vorbeigehen trotz ihres in bunten Farben gemalten Kopfbildes zunächst fast nicht auf, so wenig hebt sie sich von der aus grob behauenen Steinen errichteten Mauer ab. Aber so unscheinbar die Säule aus dem 17. Jahrhundert auch wirkt, so groß war doch die Tragödie, von der sie kündet: Die Rede ist von der Pest, die zur Endzeit des Dreißigjährigen Krieges in Ostbayern grassierte und damals den Bayerischen Wald und besonders die der Donau nahe gelegenen Orte heimsuchte.

Unter einem verwitterten Doppelkreuz und in einen steinernen Rahmen gefasst, zeigt das erst vor wenigen Jahren neu entstandene Säulenbild des Tiefenbacher Künstlers Peter Limmer den Tod als reitendes Skelett mit schwarzem Umhang, in der einen Hand die Zügel seines weißen Pferdes, in der anderen Hand die obligatorische Sense. Im unteren Teil der Darstellung betet ein Einwohner der ebenfalls skizzierten Gemeinde Tiefenbach zum Schutzheiligen vor der Pest, dem heiligen Sebastian. Dieser soll dereinst auch die ewige Stadt Rom vor dem Schwarzen Tod bewahrt haben.

Ursprünglich befand sich an der Stelle des Bildes ein gemeißeltes Relief, das heute im Heimatmuseum zu sehen ist. Ähnliche Denkmäler finden sich in der Gegend des südlichen Bayerischen Waldes noch häufiger, zum Beispiel in den Hauzenberger Ortsteilen Aubach und Ruhmannsdorf.

Wo genau die Tiefenbacher Säule einst stand und ob sie errichtet worden war, um all der Toten zu gedenken, die der Schwarze Tod gefordert hatte, oder ob sie vielmehr aus Dankbarkeit für die Verschonung des kleinen Ortes vor der Seuche aufgestellt wurde, ist nicht endgültig gesichert. Dass es in jedem Fall aber eine Zeit voller Angst und Not gewesen sein muss, daran erinnert dieses kleine Denkmal eindrucksvoll.

Adresse Pilgrimstraße, 94113 Tiefenbach | Anfahrt von der B 85 nach Tiefenbach abbiegen und der Nibelungenstraße folgen, kurz vor der Kirche nach rechts in die Pilgrimstraße abbiegen, dort steht die Säule nahe der Straße an der nördlichen Friedhofsmauer | Tipp Das Heimatmuseum von Tiefenbach erzählt in neun Themenkomplexen und wechselnden Sonderausstellungen aus der Geschichte der kleinen Gemeinde.

94 Die Max-Peinkofer-Statue

Ein Leben lang Heimat

Natürlich steht sie in seinem Geburtsort Tittling, die Statue des Max Peinkofer (1891–1963). Doch betrachtet man den Lebensweg des Schriftstellers und Heimatforschers, so hätte es im und um den Bayerischen Wald viele Gemeinden gegeben, die Grund gehabt hätten, ihn auf eine solche Weise zu ehren. Lebte und wirkte dieser doch in den verschiedenen Orten der Region, wovon nicht zuletzt die zahlreichen Straßennamen zeugen, die heute an ihn erinnern.

Peinkofer ging in Passau zur Schule und absolvierte das Lehrerseminar in Straubing. Als Hilfslehrer arbeitete er in Johanniskirchen und schließlich als Schulverweser in Kirchdorf bei Abensberg, bevor er 1917 zum Kriegsdienst eingezogen wurde. Danach war Peinkofer in Greising bei Deggendorf wieder als Lehrer tätig, später als Schulleiter in Niederalteich.

Ab 1928 lebte Peinkofer als freier Schriftsteller erneut in Passau. Bereits zuvor hatte er einige literarische Erfolge vorzuweisen gehabt und schrieb als Redakteur für den Grafenauer Anzeiger. Zudem zeichnete er für die »Heimatglocken« verantwortlich, eine heimatkundliche Beilage der Passauer Donau-Zeitung, in der er auch als »Alois Drahobel« eine eigene Kolumne hatte.

Nach der Machtergreifung der Nationalsozialisten wurde deren erklärter Gegner Peinkofer 1934 erst für mehrere Wochen in Schutzhaft genommen, 1938 schließlich für vier Jahre in Landsberg am Lech interniert.

1942 heiratete er Maria Freundorfer, die Schwester des späteren Augsburger Bischofs Dr. Joseph Freundorfer, und lebte von da an zurückgezogen in Bischofsmais – wo er 1967 auch begraben wurde.

Die Gemeinde Tittling erinnert seit 2012 mit der Bronzestatue des Bildhauers Bertram Würfl an ihren großen Sohn. Das Denkmal steht in enger Beziehung zum Brunnen am Marktplatz, der dem alten »Brunnkorb« nachempfunden wurde. Dieser hatte Peinkofer einst zur Titelgeschichte seines wohl bekanntesten Buches inspiriert.

Adresse Marktplatz, 94104 Tittling | **Anfahrt** von der B 85 über die Dreiburgenstraße und die Herrenstraße zum Marktplatz | **Tipp** Das Museumsdorf am Dreiburgensee bei Tittling ist mit seinen über 140 Gebäuden eines der größten Freilichtmuseen Europas und gibt Einblicke in die typischen Bauweisen der Bayerwaldhäuser in der Zeit vom 14. bis zum 19. Jahrhundert.

95 Das Mordmarterl

Allein auf weiter Flur

Es müssen nicht immer berühmte Menschen sein, für die Denkmäler errichtet werden. Es müssen nicht immer die großen Katastrophen der Menschheitsgeschichte sein, an die erinnert wird. Auch die für das Weltgeschehen unbedeutenden, die kleinen, die ganz persönlichen Tragödien verdienen es, zumindest für einen kurzen Moment der inneren Einkehr Beachtung zu finden. Ein guter Ort für so ein stilles Innehalten ist das kleine Marterl an einem Feldweg bei Untergschaidt.

Unter einem Kruzifix wird dort auf einem Steingemälde eine Todesszene dargestellt. Man sieht eine bäuerlich gekleidete Frau regungslos im Schnee liegen. Tritt man einen Schritt zur Seite, erkennt man in der Ferne dieselben Bergrücken wie auf dem Bild, auch die Hecke zur Linken scheint sich kaum verändert zu haben. Unter der Malerei steht in einer Mischung aus Sachlichkeit und Anteilnahme der Satz geschrieben: »An dieser Stelle wurde anno 1903 am 25. Januar die Landwirtsehefrau Anna Maria Müller aus Wimbach im 66. Lebensjahr durch viele Messerstiche grausam ermordet.« Man steht also tatsächlich direkt am Ort des Verbrechens, und für einen Moment läuft im Kopf ein Film ab, wie es gewesen sein könnte, an jenem frostigen Wintertag im Jahr 1903.

Die näheren Umstände dieses Verbrechens erschließen sich dem heutigen Betrachter nicht mehr. Und auch dem Erbauer des Marterls schien es mehr um ein stilles Gedenken gegangen zu sein als um eine laute Anklage – so klein und bescheiden nimmt sich die Erinnerungsstätte aus. Wer nicht bewusst danach sucht, geht vielleicht einfach daran vorbei – so versteckt und unauffällig steht das Marterl in seiner Hecke. Die Wanderer oder Spaziergänger, die es denoch entdecken, bleiben häufig stehen, manche sprechen dann sogar ein leises Gebet. Es müssen tatsächlich nicht immer berühmte Menschen sein, von deren Schicksal wir uns an einem Denkmal bewegen lassen.

Adresse 93476 Blaibach-Untergschaidt | **Anfahrt** Von der B 85 nach Blaibach, dort kurz auf die Verbindungsstraße von Miltach nach Bad Kötzting in Richtung Bad Kötzting fahren, dann rechts in Richtung Untergschaidt abbiegen. Kurz vor Untergschaidt steht am linken Straßenrand eine Baumgruppe, von der ein Feldweg zum Wald führt. An diesem findet sich das Marterl nach circa 100 Metern auf der linken Seite. | **Tipp** Der Blaibacher See entstand 1964 durch den Bau der zweiten Staustufe im Schwarzen Regen zwischen Viechtach und Blaibach und liefert nicht nur Strom, sondern bietet auch Wassersportlern und Anglern Gelegenheit, ihrer Leidenschaft nachzugehen.

96_Das Fischlederhaus

Alte Technik im neuen Gewande

Es ist eine alte, fast schon vergessene Kulturtechnik, die Anatol Donkan aus Viechtach beherrscht. Und so ungewöhnlich sein Name für einen Bewohner des Bayerischen Waldes klingen mag, so ungewöhnlich ist für diese Region auch das uralte Handwerk, das er ausübt: Er produziert Fischleder.

Als Angehöriger der Nanai, eines indigenen Volksstammes, der am Unterlauf des Amur in Sibirien beheimatet ist und zu dessen kulturellem und wirtschaftlichem Hintergrund seit jeher der Fischfang zählt, brachte Anatol Donkan diese außergewöhnliche Fertigkeit mit nach Viechtach.

Gemeinsam mit der Künstlerin Mareile Onodera hat er in der kleinen Stadt im Landkreis Regen eine beeindruckende Sammlung historischer Kleidungs- und Schmuckstücke zusammengetragen und produziert in der eigenen Werkstatt neue Kreationen für den Verkauf. So ist das Fischlederhaus in Viechtach gleichzeitig auch Designerbüro und Nähstube für neue Fischlederkollektionen – und nebenbei ebenfalls eine kleine Galerie für die gemalten Werke der beiden Künstler.

Auch wenn die Verarbeitung von Fischhaut zu Leder aus heutiger Sicht auf den ersten Blick ziemlich exotisch erscheinen mag, so wurde doch auch in Europa über einen vergleichsweise langen Zeitraum Fischleder produziert. Gerade in wirtschaftlich schlechteren Zeiten, in denen anderes Leder nicht zur Verfügung stand, besann man sich im Laufe der Jahrhunderte immer wieder auf diese althergebrachte Kulturtechnik. So hatte das Handwerk durchaus auch eine gewisse westliche Tradition – wenn diese heute auch weitgehend in Vergessenheit geraten ist.

Daher mutet es fast schon ein wenig skurril an, dass dieses Handwerk in Person von Anatol Donkan erst den Umweg über Sibirien nehmen musste, um auch wieder in Europa anzukommen – und vielleicht von Viechtach aus eine kleine Renaissance erleben könnte.

Adresse Spitalgasse 1, 94234 Viechtach | Anfahrt von der B 85 bis zum Stadtplatz und von dort in die Spitalgasse fahren | Öffnungszeiten Mo–Sa 9–13 Uhr und nach Vereinbarung unter Tel. 09942/809671 | Tipp Bei Viechtach ragt der Pfahl, ein 150 Kilometer langes Quarzriff, das deutlich aus der üblichen Gesteinsschicht des Bayerischen Waldes heraussticht, in besonders beeindruckender Manier aus dem Boden.

97 Die Liederbühne Robinson

Warten auf Freitag

Nicht vielen Konzertbühnen wird die Ehre zuteil, eigens in einem Musikstück verewigt zu werden: Die Liederbühne Robinson im kleinen Vierau, einem Ortsteil der auch nicht viel größeren Gemeinde Runding, darf sich dieser Auszeichnung rühmen.

Die Lokalmatadoren von »Da Huawa, da Meier und I« besingen in ihrer Liebeserklärung an den »Blauen See« (offiziell: der Blauberger See), der in einem Wäldchen hinter der Liederbühne liegt, nämlich mit herzlichen Worten auch das Robinson. Denn wie viele andere bayerische Künstler sammelte auch diese Band ihre ersten Bühnenerfahrungen hier in Vierau. Die Wurzeln der Kleinkunstbühne liegen allerdings in der Landeshauptstadt München. Seit 1976 diente sie damals noch relativ unbekannten Musikern, Kabarettisten und Kleinkünstlern wie Hans Söllner, Andreas Giebel oder Bruno Jonas als Sprungbrett für deren Karriere.

Im Jahr 1989 zog das Robinson dann nach Vierau um. Die alten, mittlerweile etablierten Weggefährten hielten ihrer Liederbühne weiterhin die Treue, neue Gesichter wie Michael Mittermeier, Monika Gruber oder Martina Schwarzmann traten im Laufe der Jahre auf den Plan und setzten mit ihren Auftritten die Tradition des Kleinkunsttreffs fort.

Dass der Schwerpunkt des Programms aber beileibe nicht nur auf Kabarett oder Comedy liegt, das beweisen immer wieder die gut besuchten Konzerte am Freitag oder Samstag: Blues, Reggae, Rock, Soul oder Funk erklingen dann im großen Saal. An veranstaltungsfreien Tagen (in der Regel Mittwoch, Donnerstag und Sonntag) ist die heimelige Gaststube geöffnet. Neben dem frischen Guinness vom Fass hat sich auch das in mehreren Schärfegraden erhältliche »Chili con Soja« als besondere Spezialität des Hauses einen mittlerweile fast schon legendären Ruf erworben. Und hilft wohl auch dabei, das Warten auf den nächsten Kabarett- oder Konzertabend am kommenden Freitag zu überbrücken.

Adresse Seeweg 2, 93486 Runding-Vierau | **Anfahrt** von der B 20 in Richtung Runding, dort in der Ortsmitte abbiegen in die Schlossbergstraße nach Vierau/Raindorf, die Einfahrt in den Seeweg liegt etwas verborgen an der linken Straßenseite | **Öffnungszeiten** Mi, Do 17–1 Uhr, Fr, Sa 18.30–1 Uhr, So 11–21 Uhr | **Tipp** Neben dem Blauberger See im Ortsteil Vierau ist Runding natürlich in erster Linie durch seine Burgruine auf dem Schlossberg bekannt.

98 Der Sühnestein

Ein rätselhaftes Relikt

Man muss schon genau wissen, wo man hinsehen muss, will man den rätselhaften Sühnestein bei Walderbach entdecken. An der Straße nach Dieberg steht er moosbewachsen und unscheinbar am Wegesrand, und nur noch schwer sind die eingemeißelten Konturen zu erkennen, die ihn so interessant machen.

Ein Kreuz ist schemenhaft darauf zu sehen, ein Hammer, eine Zange und eine Axt. In Walderbach wird die Geschichte zu diesem Stein so erzählt: Ein Schmied und ein Wagner sollen einmal auf dem Nachhauseweg vom Rentamt in einen bösen Streit geraten sein, in dessen Verlauf der Wagner den Schmied totschlug. Aber auch der Wagner selbst soll so schwere Verletzungen davongetragen haben, dass er diesen später auf dem Weg nach Hause ebenfalls erlag.

Die auf dem Stein abgebildeten Werkzeuge sprechen dafür, dass es sich dabei tatsächlich um einen echten Sühnestein handelt, der von diesem blutigen Konflikt der beiden Handwerker kündet. Denn der Sühnegedanke – ein Relikt aus dem mittelalterlichen Rechtssystem, bei dem es mehr um den finanziellen Ausgleich zwischen den beteiligten Familien als um eine Strafe im heutigen Verständnis ging – wurde bei einer Einigung zwischen den Verbliebenen häufig in Form eines Sühnekreuzes oder eben eines Sühnesteines dokumentiert, auf dem zum Beispiel die Werkzeuge der Beteiligten als Ausweis ihrer Berufe zu sehen waren. So mag es auch hier geschehen sein – zumal es in der Nähe noch ein ähnliches Relikt gibt: Ein hölzernes Marterl könnte eventuell auf den Sterbeort des Wagners hinweisen.

Eine genaue Datierung des Sühnesteins von Walderbach fällt aber schwer. Auch weil das Setzen solcher Steine mit der Einführung einer gesetzlichen Rechtsprechung seit dem 16. Jahrhundert eigentlich nicht mehr üblich war – das Rentamt in Walderbach aber erst seit 1903 existierte. Ein wenig rätselhaft wird die Geschichte um den Sühnestein von Walderbach also wohl immer bleiben.

Adresse 93194 Walderbach-Dieberg | **Anfahrt** Von der B 16 in Richtung Walderbach abfahren. Dort die Straße nach Reichenbach nehmen und kurz nach dem Ortsausgang von Walderbach rechts bergauf in Richtung Dieberg fahren. Nach einer lang gezogenen Rechtskurve steht der Stein an der linken Straßenseite in einer Wiese. | **Tipp** Wie die Nachbargemeinde Reichenbach verfügt auch Walderbach über eine sehr schöne Klosteranlage, die allerdings seit der Säkularisation vornehmlich weltlich genutzt wird.

99 Die Arche Heinz Theuerjahr

Nirgendwo und Afrika

Wo der Wald dicht ist und der Winter immer streng, oben am Rande des Lusen, da liegt das kleine Waldhäuser. Wohl kaum ein Ortsname ist dabei so selbsterklärend wie dieser.

Eines dieser Häuser baute der ursprünglich aus Pommern stammende Künstler Heinz Theuerjahr (1913–1991) im Jahr 1941. Das Grundstück dafür hatte er von einem Einheimischen erhalten, der ihm eines Abends in der Dorfgaststätte ein Stück Land versprach – wenn Theuerjahr das Haus darauf nur selber baute. Dieser nahm ihn beim Wort – und stand am nächsten Tag mit vier Pflöcken und einem Hammer auf dem Grundstück, um »seinen« Bauplatz abzustecken. Der Künstler gründete schließlich mit seiner aus Waldhäuser stammenden Frau Zenzi eine Familie und sollte sein im italienischen Stil aus groben Steinen gebautes Haus bis zu seinem Tod bewohnen.

Und es scheint trotz der beengten Wohnverhältnisse ein wahrlich offenes Haus gewesen zu sein: Unter anderem zählten Künstlerkollegen wie Reiner Kunze, Reinhold Koeppel, Alfred Kubin, Hermann Erbe-Vogel, Walter Mauder, Siegfried von Vegesack oder Hans Carossa zu den Gästen in Waldhäuser.

Einen großen Platz in Theuerjahrs Herzen und Schaffen nahm von jeher Afrika und dessen Tierwelt ein. 1960 konnte er den schwarzen Kontinent zum ersten Mal selbst bereisen, 13 weitere Aufenthalte sollten folgen. Was er dort sah und erlebte, setzte er später in der Abgeschiedenheit seines Ateliers in vielen seiner Kunstwerke um. Vor allem seine von der afrikanischen Fauna inspirierten Skulpturen trugen dabei nicht unwesentlich zur Bekanntheit des vielseitigen Künstlers bei.

Die Arche Heinz Theuerjahr zeigt heute dessen Schaffensstätte sowie viele seiner Gemälde, Drucke und Plastiken. Ein liebevoll angelegter Skulpturenpark im Garten des Anwesens präsentiert darüber hinaus diverse bildhauerische Werke des großen Künstlers aus dem kleinen Waldhäuser.

Adresse Lusenstraße 41, 94556 Waldhäuser | **Anfahrt** über die B 533 nach Neuschönau, von dort über die Lusenstraße nach Waldhäuser | **Öffnungszeiten** Mai–Okt. Do–So und an Feiertagen 14–18 Uhr | **Tipp** Der sogenannte Arche-Pfad führt vom Atelier Theuerjahrs über den Waldhäuserriegel zu einer weiteren Arche – diesmal einer aus Glas. Grün schimmernd und von einer riesigen Holzhand gehalten hat das knapp fünf Meter lange Kunstwerk am Lusen zwischen Teufelsloch und Himmelsleiter festgemacht.

100 Der Ewige Hochzeiter

Der Stein des Anstoßes

Die größte Stadt im niederbayerischen Landkreis Freyung-Grafenau ist weder Freyung noch Grafenau: Es ist das malerische Waldkirchen, mit gut 10.000 Einwohnern aber beileibe auch keine wirkliche Metropole. Vielleicht geben sich die Waldkirchener auch deshalb alle Mühe, ihren Marktplatz immer ein wenig voller aussehen zu lassen, als er in Wirklichkeit ist.

Denn dort stehen an so mancher Häuserwand stets ein paar sonderbare Gestalten und harren der Dinge, die da kommen mögen. Besonders umtriebig sind sie dabei nicht, und auch nicht besonders gesprächig – und doch erzählen sie alle ihre ganz eigene Geschichte über das Leben hier im Städtchen.

Da wären der Marktrichter, der Gastwirt, das Hackinger Marerl, der Chirurg, der Säumer, der Torwächter und der Kaufmann: allesamt Personen aus der Geschichte Waldkirchens, die vom Künstler Manfred Werner in den vergangenen Jahren buchstäblich in Stein gemeißelt wurden.

Den Anfang machte allerdings schon Mitte des 19. Jahrhunderts der wohl bekannteste der illustren Gesellschaft: der »Ewige Hochzeiter«. Vom Steinmetz Matthias Hausbäck filigran aus einem Stück Granit gearbeitet und mit einer Biedermeiertracht bemalt, wartete der im Volksmund auch »Stoanerner Hans« betitelte Bursche von da an auf eine potenzielle Braut – und das sehr lange. Denn erst im Jahr 1972 erfüllten die Waldkirchener seinen Wunsch und schufen ihm seine »Stoanerne Gretel« – wenn auch nur auf der anderen Straßenseite.

Dabei war der »Ewige Hochzeiter« vor seiner Menschwerdung tatsächlich nicht viel mehr als ein grober Klotz. Seine ursprüngliche Bestimmung in früheren Jahren war es nämlich, die Hausecken der Gebäude vor den Rädern der Fuhrwerke zu schützen. Und wurde er bei seiner Pflichterfüllung dann tatsächlich einmal von einem Wagenrad getroffen, so war er im wahrsten Sinne des Wortes das, wovon heute noch eine Redewendung kündet: der Stein des Anstoßes.

Adresse Marktplatz 27, 94065 Waldkirchen | **Anfahrt** Von der B 12 kommend über die Passauer Straße auf den Marktplatz fahren und sich in Richtung Kirche/oberer Marktplatz orientieren. Vor dem Modehaus Garhammer steht die »Stoanerne Gretel«, etwas links versetzt der »Stoanerne Hans«. Alle anderen Figuren sind über den weiteren Marktplatz verteilt. | **Tipp** In direkter Verlängerung des Marktplatzes informiert das Museum »Goldener Steig« über die gleichnamige Handelsroute, die über Hunderte von Jahren vor allem zum Salztransport von Passau nach Böhmen genutzt wurde.

101 Das Grenzland- und Trenckmuseum

Mehr als zwei Vergangenheiten

In Waldmünchen gibt es gleich zwei Museen zum Preis von einem zu besichtigen – was aber natürlich nicht der ursprüngliche Ansatz für das Grenzland- und Trenckmuseum war. Vielmehr sind beide Ausstellungen auf das Engste mit der Geschichte Waldmünchens verbunden, sodass es sich anbot, sie in einem Gebäude zusammenzufassen.

Im Grunde genommen geht die Vielfalt des Museums aber noch weit über seine beiden Hauptthemen hinaus: So wird die besondere Lage der heute knapp 7.000 Einwohner zählenden Gemeinde an der sogenannten Feuersteinstraße, dem ältesten Handelsweg Europas, ebenso beleuchtet wie etwa das Schmuggelwesen hier im bayerisch-böhmischen Grenzgebiet. Aber auch die harte Waldarbeit und – falls diese nicht zum Überleben gereicht haben sollte – die Auswanderung nach Amerika sind weitere Themen. Zudem wird an die einstige Bedeutung Waldmünchens als Stadt der Glasherstellung und -veredelung erinnert. Nicht in direktem Zusammenhang, aber thematisch daran anknüpfend sind in der »Kristallhöhle« zudem edle Swarovski-Sammlerstücke zu bestaunen.

In der jüngeren Geschichte spielten natürlich der Kalte Krieg und die nahe Grenze zur Tschechoslowakei für das kleine Städtchen eine prägende Rolle. Was heute kaum mehr vorstellbar ist, war lange Jahre bittere Realität am Eisernen Vorhang: ein Leben mit Stacheldraht und Schlagbaum. Im Museum wird die beklemmende Atmosphäre dieser gar nicht so weit entfernten Vergangenheit eingefangen und wieder greifbar.

Nicht nur mit seinen Trenck-Festspielen, sondern eben auch mit einer eigenen, in szenischen Darstellungen gestalteten Ausstellung im Museum erinnert Waldmünchen an eine weitere schwere Zeit – auch wenn diese schon ein wenig länger zurückliegt. 1742 stand der berüchtigte Freiherr Franz von der Trenck mit seinen Panduren vor der Stadt.

Adresse Schlosshof 4, 93449 Waldmünchen | Anfahrt von der B 22 bei Schönthal in Richtung Waldmünchen abbiegen, am Kreisverkehr rechts und der Beschilderung folgen, von der B 20 bei Ränkam in Richtung Waldmünchen abbiegen, im Ort rechts in die Hammerstraße fahren und der Beschilderung folgen | Öffnungszeiten Mitte März–Ende Okt. und Mitte Dez.–Mitte Jan. Di, Sa, So und an Feiertagen 14–17 Uhr, Führungen ganzjährig möglich, Informationen unter Tel. 09972/903274 oder Tel. 09972/30725 (Tourismusbüro), Führungen unter Tel. 09972/8298 (Museumsleitung) | Tipp Im nahe gelegenen Tiefenbach sind im alten Schulgebäude Bilder, Grafiken, Zeichnungen und Skulpturen des Künstlers Ludwig Gebhard zu sehen. Zudem beherbergt die Gemeinde ein Klöppelmuseum.

102_Der Rannasee

Grenzenloses Badevergnügen

Im tiefsten Südosten des Bayerischen Waldes liegt im Landkreis Passau bei Wegscheid der weit über die Region hinaus bekannte Rannasee – direkt an der Grenze zu Österreich. Wobei Letzteres streng genommen nicht ganz korrekt ausgedrückt ist, denn die Staatsgrenze verläuft eigentlich mitten durch den See hindurch.

Gespeist wird das künstlich angelegte Gewässer durch die Ranna, die ein gutes Stück nördlich des Sees bei Sonnen entspringt. Hinter dem Rannasee vereinigt sie sich auf österreichischer Seite im Mühlviertel bei Oberkappel mit dem Osterbach und wird hier wiederum zu einem See gestaut – von den Einheimischen auch das »Mausloch« genannt –, der bereits seit den 1950er Jahren ein Pumpspeicherkraftwerk antreibt. Hinter dieser Talsperre bahnt sich der Fluss dann seinen Weg durch eine tief ausgewaschene Klamm und mündet schließlich in die Donau.

Das Rannatal bietet vor allem in seinem Unterlauf eine in Mitteleuropa nur noch selten anzutreffende Artenvielfalt. So leben in den dichten Wäldern, den zerklüfteten Felsenlandschaften und am dicht bewachsenen Flussufer beispielsweise Smaragdeidechsen, Feuersalamander oder auch Äskulapnattern. Aber auch die üppige Pflanzenwelt in den Urwäldern bis zur Donaumündung ist eine ganz besondere – hier gedeihen unter anderem sehr seltene Moose und Farne.

Mit seinen 200.000 Quadratmetern Wasseroberfläche ist der Rannasee auf deutscher Seite der größte Badesee im gesamten Bayerischen Wald. Bereits in den 1960er Jahren geplant, um den Tourismus, aber auch die Naherholung für die Bürger in der Region zu fördern, erfolgte 1977 der erste Spatenstich, bevor der See 1983 endgültig seiner Bestimmung übergeben werden konnte. Wegen seines grenzüberschreitenden Charakters wurde dabei sogar der Abschluss eines eigenen Staatsvertrages zwischen der Bundesrepublik Deutschland und der Republik Österreich nötig.

Adresse Maierhof, 94110 Wegscheid | **Anfahrt** Von Passau kommend der B 388 folgen. Der See liegt direkt an der Bundesstraße zwischen Untergriesbach und Wegscheid. | **Tipp** Noch echt traditionelle Handwerkskunst lässt sich in der Gemeinde Wegscheid bei der Handweberei F. X. Moser bestaunen.

103 Das fressende Haus

Die Trutzburg und die Dichterklause

Wenn es dem Bayerischen Wald in puncto Sehenswürdigkeiten an einem sicherlich nicht mangelt, dann sind das Burgruinen. Wohl mit die bekannteste dürfte die Ruine Weißenstein bei Regen sein, die sich auf dem höchsten Punkt des sogenannten Pfahls befindet. Der Pfahl ist ein 150 Kilometer langer Quarzgang, der sich vor Jahrmillionen aus dem umgebenden Gestein herausschob und sich von diesem durch seine weiße Farbe und grobe Struktur deutlich unterscheidet.

Die Burg Weißenstein wurde um das Jahr 1100 erbaut, gehörte erst den Grafen von Bogen und später den Degenbergern. Im sogenannten Böcklerkrieg teilte sie das Schicksal von Burg Altnußberg (siehe Seite 10) und wurde 1468 zerstört. In den folgenden Jahrzehnten mühsam wiederaufgebaut, verwüsteten im Dreißigjährigen Krieg erst die Schweden die Burg Weißenstein, ehe im 18. Jahrhundert schließlich der Freiherr von Trenck mit seinen Panduren ihr Schicksal endgültig besiegelte.

Zu Füßen der Ruine steht bis heute der ehemalige Getreidespeicher der Burg. 1918 erwarb der ursprünglich aus dem Baltikum stammende Schriftsteller Siegfried von Vegesack das Gebäude und verpasste ihm sehr bald den Namen »Das fressende Haus«, weil ihn die immensen Renovierungs- und Unterhaltskosten mehr als einmal an den Rande des Ruins treiben sollten. Später benannte er sogar einen Roman nach der selbst gewählten Bezeichnung für sein allzu kostspieliges Zuhause.

Weißenstein sollte dennoch über 50 Jahre lang zur Heimstatt für den Dichter werden. 1974 starb Siegfried von Vegesack und ließ sich mit seinen Hunden in einem Wäldchen nahe Weißenstein begraben.

Heute beherbergt »das fressende Haus« ein Museum, in dem unter anderem auch das Arbeitszimmer des Dichters zu sehen ist. Vor dem Gebäude wächst seit dem Jahr 2000 der faszinierende »Gläserne Wald« des bekannten Rauhbühler Künstlers Rudolf Schmid aus dem Boden.

Adresse Weißenstein, 94209 Regen | Anfahrt von der B 85 bei Regen abbiegen nach Weißenstein | Öffnungszeiten Mitte Mai–Mitte Sept. täglich 10–16.30 Uhr, Mitte Sept.–Mitte Okt. Sa, So 10–16.30 Uhr | Tipp Unterhalb der Burgruine ist in der Nähe der kleinen Kapelle eine Reihe von – für die Gegend so typischen – Totenbrettern aufgestellt, die an die Verstorbenen der Gemeinde erinnern sollen.

104_Das geodätische Observatorium

Von Menschen, die messen

Über Kuhweiden und Pferdekoppeln blickt man von Wettzell hinauf zu der kleinen Anhöhe, auf der das Observatorium des Bundesamtes für Kartographie und Geodäsie steht. Mit seinen hoch aufragenden Teleskopkuppeln und hoch aufragenden Empfangsantennen wirkt das Gelände wie der größtmögliche Gegensatz zur sonstigen ländlichen Idylle des Bayerischen Waldes. Dabei war gerade diese Abgeschiedenheit einmal der Grund, dem Wettzell sein Observatorium überhaupt verdankt.

Als in Deutschland zu Beginn der 1970er Jahre nach einem neuen Standort für ein geodätisches Zentrum – Geodäten vermessen die Gestalt der Erde und ihre Lage im Weltraum – gesucht wurde, war ein Auswahlkriterium, dass dieser Platz möglichst weit entfernt vom störenden Streulicht der Großstädte liegen musste. Zudem sollte ein Ort gefunden werden, von dem aus man mit einem Laserimpuls Reflektoren an Satelliten oder auf dem Mond ansteuern konnte, ohne dabei den Flugverkehr am Himmel über dem Observatorium zu gefährden.

Beide Voraussetzungen waren in Wettzell gegeben: Eine nächtliche Lichtverschmutzung gab es hier auf dem Land nicht. Und durch die Nähe zum Eisernen Vorhang bestand auch ein ausreichend großer Himmelskorridor, in dem regulärer Flugbetrieb untersagt war.

Die Geodäten in Wettzell messen Entfernungen in erster Linie durch die Bestimmung von Zeitdifferenzen. Empfängt man an verschiedenen Punkten auf der Erde elektromagnetische Strahlen – wie Licht oder Radiowellen – von Quasaren (Radiosternen) oder von vorher von einem Laser getroffenen Reflektoren (wie etwa auf dem Mond), so lassen sich anhand der verschiedenen Laufzeiten auch Entfernungen auf der Erde bestimmen. Was kompliziert klingt, ist im Grunde recht simple Mathematik – wenn man weiß, wie es geht. Und wie in Wettzell die richtigen Geräte dafür hat.

Adresse Sackenrieder Straße 25, 93444 Bad Kötzting | **Anfahrt** von der B 85 bei Viechtach in Richtung Bad Kötzting abbiegen, die Straße führt direkt durch Wettzell, dort am Ortsende links in die Sackenrieder Straße abbiegen | **Öffnungszeiten** Führungen für Gruppen ab 10 Personen können unter Tel. 09941/603108 vereinbart werden. | **Tipp** Vom Kurpark im nahen Bad Kötzting führt ein Planetenweg direkt nach Wettzell. Die einzelnen Himmelskörper sind dreidimensional dargestellt und ruhen auf aufwendig gearbeiteten Stelen aus Granit.

105 Das Umweltzentrum

Natürliches Wissen

Überwindet man von Straubing kommend mit dem Auto die ersten Höhenzüge des Bayerischen Waldes – was vor allem im Winter manchmal zu einer spannenden Angelegenheit werden kann –, gelangt man nach einer Weile ins kleine Örtchen Wiesenfelden. Folgt der konzentrierte Fahrer dabei nur der Hauptstraße, kann es schon passieren, dass er es einfach übersieht: das in zweiter Reihe stehende gelb gestrichene Schloss.

Erst über eine Nebenstraße erkennt man die wahren Dimensionen dieses imposanten Hauses. Doch nicht nur das Gebäude selbst ist sehr großzügig ausgelegt, sondern auch die gesamte Parkanlage rundherum.

Auf dem rund fünf Hektar großen Gelände mit seinen alten Baumbeständen, den Weihern und einem kleinen Bach findet sich eine wahrhaft imposante Wildlandschaft. Auf dem weitläufigen Areal gibt es zudem unter anderem ein Wildkatzen- und Luchsgehege, eine Holzarche, ein Blockhaus und ein Steinlabyrinth zu bestaunen.

Seit 1983 beherbergt Schloss Wiesenfelden nun schon ein Umweltzentrum und gehört damit zu den ältesten Umweltbildungseinrichtungen in Bayern. Bis 2007 unter der Trägerschaft des Bund Naturschutz, wird das Haus seit 2008 von einem gemeinnützigen Förderverein und der »Beate und Hubert Weinzierl Stiftung« geleitet.

Neben Seminaren und Workshops – sowohl für Kinder als auch für Erwachsene – bietet Schloss Wiesenfelden auch ein kleines, sehr liebevoll gestaltetes Naturkundemuseum, in dem multimedial die Naturräume des Bayerischen Waldes dargestellt werden. So wird etwa der »Lebensraum Weiher« vorgestellt, Wissenswertes über den Biber präsentiert oder in der aktuellsten Lernstation der Frage nachgegangen, wie es wohl wäre, »wenn Fische reden könnten«.

Wer sich einmal in dem beeindruckenden Schloss oder auf dem riesigen Freigelände umgesehen hat, der wird höchstwahrscheinlich wiederkommen – und dann hoffentlich genau wissen, wo es langgeht.

Adresse Straubinger Straße 5, 94344 Wiesenfelden | **Anfahrt** über die A3 Regensburg–Passau entweder Ausfahrt Wörth-Ost oder Ausfahrt Kirchroth, dann Richtung Wiesenfelden, im Ortsinneren von der Hauptstraße Richtung Heilbrunn abbiegen, dann gleich rechts zum Schloss | **Öffnungszeiten** Mo–Do 9–17 Uhr, Fr 9–16 Uhr und zu Veranstaltungen | **Tipp** Rund um Wiesenfelden finden sich sehr schöne Weiherlandschaften und das Naturschutzgebiet »Brandmoos«.

106 Der Nepal-Himalaya-Pavillon

Das Dach der Welt

Nein, Vergleiche zwischen dem Bayerischen Wald und dem Himalaya drängen sich auf den ersten Blick nicht unbedingt auf – und auch nicht auf den zweiten oder dritten. So trennen die beiden Landschaften nicht nur bei ihren höchsten Gipfeln gute 7.000 Höhenmeter, sondern auch geologische, botanische und vor allem auch kulturelle Welten. Und doch lässt sich ein kleines Stückchen Himalaya hier in der südlichen Oberpfalz erleben.

Und das kam so: Auf der Weltausstellung EXPO im Jahr 2000 in Hannover war einer der größten Publikumsmagneten zweifelsohne der aus 450 Tonnen Salholz erbaute Nepal-Himalaya-Pavillon, der von über dreieinhalb Millionen Menschen besucht wurde. Nachdem die EXPO dann ihre Pforten geschlossen hatte, wurde dieser in seine Einzelteile zerlegt und später in einem logistischen Kraftakt auf dem Gelände eines ehemaligen Steinbruchs nahe der kleinen Gemeinde Wiesent im Landkreis Regensburg wieder aufgebaut. Seit dem Sommer 2003 ist der Pavillon dort der Öffentlichkeit zugänglich. Er verbindet in seiner Architektur sowohl Merkmale eines hinduistischen Tempels als auch eines buddhistischen Stupas.

Rund um das Gebäude gedieh im Laufe der Jahre zudem eine wunderschöne Parkanlage mit über 3.500 Pflanzenarten. Davon stammen über 1.000 aus dem Himalaya selbst (aus einer Höhe von über 3.000 Meter) und bilden somit die größte Himalaya-Pflanzensammlung der Welt.

Der Mann hinter diesem gewaltigen Projekt ist der frühere Unternehmer Heri Wirth. Er kümmert sich nicht nur bis heute um das Tagesgeschäft, sondern initiiert zusammen mit seiner Frau Margit und mit Hilfe seiner Stiftung »Wasser für die Welt« bereits seit 1986 Hilfsprojekte auf dem ganzen Erdball, um möglichst vielen Menschen den Zugang zu sauberem Trinkwasser zu ermöglichen.

Adresse Martiniplatte, 93109 Wiesent | Anfahrt die A3 Regensburg – Passau an der Ausfahrt Wörth/Wiesent verlassen und Richtung Brennberg fahren, nach circa einem Kilometer über den Kreisverkehr weiter geradeaus (Richtung Frauenzell), nach einem weiteren Kilometer liegt der Parkplatz der Anlage dann an der rechten Seite | Öffnungszeiten Mai – Sept. Sa 13 – 18 Uhr (jeweils erster Sa im Monat und alle Sa im Aug.), So 13 – 18 Uhr, Mo 13 – 17 Uhr | Tipp Wer der Straße über Frauenzell (mit sehr schöner Asamkirche) weiter nach Brennberg folgt, kann die alte Burgruine aus dem 11. Jahrhundert ersteigen, die sich quasi mitten im Dorf auf einem mächtigen Granitfelsen erhebt.

107_Das Klosterdorf

In höheren Sphären

Zu behaupten, dass es im kleinen Ort Windberg im Landkreis Straubing-Bogen ein Kloster gibt, ist zweifellos korrekt – trifft den Kern der Sache aber noch nicht ganz. Denn es gibt auch Stimmen, die sagen, es gäbe dort eigentlich ein Kloster mit einem Ort drumherum. Die Wahrheit liegt – wie so häufig – wohl irgendwo dazwischen.

Dass Windberg durch das auf einer der ersten Anhöhen nach dem Donautal liegende barocke Prämonstratenserkloster seit Jahrhunderten entscheidend geprägt wird, darüber wird es aber sicherlich keine zwei Meinungen geben. Das Klosterdorf ist heute eine weit über Bayern hinaus wohl einmalige Mischung aus profanen und sakralen Gebäuden.

Und wie so häufig in dieser Region waren es auch hier die Grafen von Bogen (damals noch von Windberg-Bogen), die entscheidenden Anteil an der Entstehung hatten. Denn sie wandelten ihre Windberger Burg bereits im Jahr 1140 in ein Kloster um. Bekanntheit erlangte dieses unter anderem durch seine Schreibschule: Einige der kostbarsten Schätze der Bayerischen Staatsbibliothek in München stammen von hier.

Im Jahr 1803 wurde Windberg – wie alle anderen bayerischen Klöster – säkularisiert: Viele Wertgegenstände wurden konfisziert, etliche Gebäude privatisiert. Das Kloster selbst fiel über lange Jahre in eine Art Dornröschenschlaf, ehe es 1923 von der niederländischen Prämonstratenserabtei Berne gekauft wurde. Danach entfaltete es sich wieder langsam zu voller Blüte – erst recht, nachdem 1970 eine Jugendbildungsstätte eröffnet wurde.

Heute leben im Kloster 21 Brüder, wobei Windberg mit einem Durchschnittsalter von Ende 40 im Vergleich durchaus als recht junge Klostergemeinschaft gelten darf. Deren seelsorgerische Arbeit beschränkt sich dabei nicht nur auf das Kloster selbst oder die Pfarrei, sondern schließt auch Bereiche wie die Bundespolizei, die Bundeswehr oder etwa die Gefängnisseelsorge mit ein.

Adresse Pfarrplatz 22, 94336 Windberg | **Anfahrt** von der A 3 Regensburg–Passau an der Ausfahrt Bogen/Hunderdorf in Richtung Hunderdorf abfahren, im Ort rechts Richtung Windberg abbiegen, die Straße führt ins Ortsinnere von Windberg und somit direkt ans Kloster | **Öffnungszeiten** Führungen in der Klosterkirche können im Klosterladen unter Tel. 09422/809230 vereinbart werden. | **Tipp** Im benachbarten Schwarzach sind im Kraftfahrzeugmuseum historische Exponate aus den Jahren 1928 bis 1984 ausgestellt. Zudem beherbergt die Gemeinde eine sehr schön angelegte Parkanlage.

108_Die Donauinsel

Land im Fluss

Wer ganz profan vorgehen möchte, der betrachtet die Donau zunächst einmal als rein geografischen Anhaltspunkt. Denn bei der nicht immer ganz einfachen Definition, wo genau der Bayerische Wald denn nun beginnt und wo er endet, bildet der Fluss eine von zwei wichtigen Hilfslinien: »Zwischen Donau und tschechischer Grenze« – auf diese Definition können sich wohl auch die meisten Einheimischen verständigen.

Doch prägte dieser zutiefst paneuropäische Fluss auch seit Jahrhunderten das Leben und das Überleben vieler Menschen in diesem so unwirtlichen Mittelgebirge ganz konkret – zumindest in wirtschaftlicher Hinsicht. Denn ob die Trifter in den tiefen Wäldern, die Säumer auf dem Goldenen Steig oder auch die Glasmacher in den verschiedenen Hütten: Immer war deren Streben letztlich auf den großen Fluss ausgerichtet, war er doch lange Zeit auch die einzige Verbindung zwischen den Menschen und den Völkern an seinen Ufern – und deshalb so bedeutend für den Handel untereinander.

Windorf ist einer der Orte, die am und mit dem mächtigen Strom leben. Die der kleinen Gemeinde vorgelagerte Insel ist die längste der gesamten Donau, mancher Weitgereiste sagt, sie sei auch die schönste. Denn ob von der Uferpromenade in Windorf oder auf der Insel selbst, ob bei strahlendem Sonnenschein oder im dichtesten Nebel: Es gibt fast kein Wetter und auch keine Jahreszeit, bei der das Zusammenspiel von Land und Fluss hier nicht seine ganz besonderen Reize hätte.

Von der Promenade führt ein Damm direkt hinüber zur Insel, auf der sich ein Rundweg anschließt. Auch die Ausflugsschiffe für Fahrten auf der Donau legen auf dem stillen Eiland an.

Zumindest an einem Sommerwochenende im Jahr kann es aber auch hier einmal ein wenig lauter werden: Dann findet ein kleines, aber doch immer sehr feines Open-Air-Festival statt. Doch danach kehrt wieder sehr schnell Ruhe ein am großen Fluss.

Adresse Uferstraße, 94575 Windorf | **Anfahrt** von der A 3 Regensburg–Passau bei der Ausfahrt Aicha vorm Wald abfahren in Richtung Windorf, dort über die Bayerwaldstraße und den Marktplatz nach rechts in die Uferstraße einbiegen | **Tipp** Im Tourismusbüro am Marktplatz veranschaulicht eine sehenswerte Ausstellung verschiedener Modellschiffe die wirtschaftliche Bedeutung der Donau für den ehemaligen Schiffsbaustandort Windorf.

109_Die Volkssternwarte

Dem Himmel so nah

Eigentlich lohnt es sich ja bereits am Tag, den steilen Weg hinauf zur Sternwarte in Winzer zu bezwingen. Eine grandiose Aussicht auf die nahe Donauschleife auf der einen Seite und auf die ersten Höhenzüge des Bayerischen Waldes auf der anderen Seite lassen den Besucher fast vergessen, was der eigentliche Zweck dieser Einrichtung ist.

Dass die Volkssternwarte Winzer gerade hier, auf dieser einsamen Anhöhe, ihre Heimat gefunden hat, ist kein Zufall: Quasi über dem Ort schwebend und weit genug entfernt von störendem Streulicht größerer Städte sind die Nächte dort oben nämlich noch dunkel genug, um all den Wundern über unseren Köpfen nachzuforschen.

Mit ihren Teleskopen – und dem kleinen, in unzähligen Arbeitsstunden selbst gebauten Planetarium – versuchen die Winzer Sternfreunde auch Menschen, die sich bisher noch nie mit Astronomie befasst haben, ihre eigene Faszination hierfür hautnah zu vermitteln. Denn keine Fotografie und keine Fernsehdokumentation kann den Moment ersetzen, zum ersten Mal mit eigenen Augen die Ringe des Saturns durch ein Fernrohr zu sehen, die Monde des Jupiters beim Wandern zu beobachten oder etwa den Andromeda-Nebel zu erahnen – und dabei vielleicht auch ein wenig über sich selbst und seine Rolle auf diesem kleinen blauen Planeten inmitten eines gewaltigen Universums nachzudenken.

Dass Astronomie schon immer mehr als eine reine Naturwissenschaft war und stets auch eine philosophische Suche nach dem Sinn des Lebens und den eigenen Werten darstellte, darüber wusste schon der Philosoph Immanuel Kant zu berichten: »Zwei Dinge erfüllen das Gemüt mit immer neuer und zunehmender Bewunderung und Ehrfurcht, je öfter und anhaltender sich das Nachdenken damit beschäftigt: der bestirnte Himmel über mir und das moralische Gesetz in mir.« In der Volkssternwarte Winzer lässt sich erahnen, was der kluge Kopf gemeint haben könnte.

Adresse Pledlberg 1a, 94577 Winzer | **Anfahrt** über die A 3 Regensburg–Passau, Ausfahrt Hengersberg/Winzer, der Beschilderung nach Winzer folgen, dort etwa in der Ortsmitte links abbiegen Richtung Schwanenkirchen, dann nach 500 Metern rechts in den Fichtenweg abbiegen (beschildert) | **Öffnungszeiten** jeden Freitag (Beobachtungszeiten Sept.–März ab 20 Uhr, April–Aug. ab 21 Uhr), Gruppentermine nach Absprache unter Tel. 09901/935714, im Planetarium können unabhängig vom Wetter Vorführungen abgehalten werden | **Tipp** Bereits am Ortseingang fällt sie auf, die beeindruckende Burgruine auf dem Schlossberg über Winzer – das Wahrzeichen der kleinen Donaugemeinde.

110_Der Buswartehobel

Reisen in der Holzklasse

Im kleinen Örtchen Zachenberg im Landkreis Regen steht an der Gemeindeverbindungsstraße nach Köckersried ein Buswartehäuschen. Das ist an und für sich noch nichts Ungewöhnliches. Doch warum passiert es dann immer wieder, dass Autos an diesem kleinen Unterstand vorbeifahren, umdrehen und der Fahrer noch einmal einen zweiten Blick darauf riskiert?

Während des Fahrens stellt der unbedarfte Verkehrsteilnehmer nämlich meist nur unterbewusst fest, dass irgendetwas mit dem Häuschen nicht stimmt, irgendetwas anders ist als bei anderen Haltestellen. Und tatsächlich: Erst beim erneuten, beim richtigen Hinsehen eröffnet sich das Besondere an diesem Exemplar. Es handelt sich dabei nämlich eigentlich nicht um ein Buswartehäuschen, sondern streng genommen um einen Buswartehobel – vermutlich den weltweit einzigen seiner Art. Und auch wenn der Duden den Begriff noch nicht führt: In und um Zachenberg weiß jeder, was gemeint ist, wenn wieder einmal ein Tourist danach fragt.

Über 20 Jahre stand an der Ausfallstraße nach Köckersried ein ganz konventionelles Wartehäuschen, das aber aufgrund seiner recht exponierten Lage den Witterungseinflüssen schutzlos ausgeliefert war. Wind und Wetter taten ihr Schlimmstes, und schließlich war der alte Unterstand morsch und löchrig geworden. Ein neues Häuschen musste her.

Für diesen Fall hatte der ortsansässige Schreiner Alois Ernst schon Jahre zuvor seine Unterstützung angeboten – und schritt sogleich zur Tat. In etlichen Arbeitsstunden und auf eigene Kosten schuf er so sein Wartehäuschen in Form eines Hobels, das mittlerweile fast schon zu einer Art Aushängeschild der Gemeinde Zachenberg geworden ist. Und das mittlerweile bereits Zuwachs bekommen hat: Denn nun finden direkt neben dem Buswartehobel in luftiger Höhe auch ein paar kleine gefiederte Geschöpfe Unterschlupf. Worin? In einem Vogelhobel natürlich!

Adresse Hauptstraße, 94239 Zachenberg | **Anfahrt** von der B 11 auf der Höhe von Gotteszell abbiegen in Richtung Zachenberg/Gotteszell-Bahnhof, auf der Hauptstraße bleiben, kurz vor dem Ortseingang Zachenberg steht der Bushaltehobel auf der linken Seite | **Tipp** Bei Bahnfreunden und mittlerweile vielleicht sogar auch schon bei Kinogängern – eine Szene der »Fünf Freunde« wurde hier gedreht – recht bekannt ist die Eisenbahnbrücke über den sogenannten Zachenberger Einschnitt etwas nördlich des Ortes an der Strecke zwischen Gotteszell und Triefenried.

111 Das Naturpark-Informationshaus

Zum Fenster hinein heizen

Am Rande der bekannten Glasstadt Zwiesel befindet sich an der Bundesstraße 11 nach Regen ein Haus, das so gar nicht zu der sonst so lieblichen Architektur des bekannten Luftkurortes passen mag. Fast wirkt der geduckte Bau wie eine Industriehalle – wären da nicht die stattlichen Holzfronten und die riesigen Solarflächen.

Und in genau diesen beiden Elementen liegt auch das Geheimnis des Gebäudes: Es handelt sich um ein Nullheizenergiehaus und dient dem Verein »Naturpark Bayerischer Wald« als Geschäftsstelle und Informationszentrum.

Durch die Optimierung von Dämmstoffen und Bauteilen sowie den Einsatz von Spezialfenstern wurde es möglich, das Gebäude rein mit erneuerbaren Energien zu heizen. Die Grundlage hierfür bilden ein thermischer Sonnenkollektor und ein mit circa 20.000 Litern Wasser gefüllter sogenannter Großpufferspeicher. Um die wärmende Kraft der Sonne möglichst lange am Tag nutzen zu können, wurde natürlich auch auf eine optimale Ausrichtung des Hauses geachtet.

Doch das Gebäude heizt nicht nur autark, es erzeugt auch seinen eigenen Strom – sogar mehr, als es benötigt. Dafür sorgt die eigene Photovoltaikanlage auf dem Dach im Zusammenspiel mit stromsparenden Elementen wie Anwesenheitssensoren oder einer Tageslichtsteuerung. Dem Besucher wird dieser Vorgriff in die bauliche Zukunft anhand von Informationstafeln im Inneren detailliert nahegebracht.

Eine weitere Besonderheit im Naturpark-Haus ist aber auch die interaktive naturkundliche Ausstellung im Erdgeschoss, die ohne jegliche schriftliche Erläuterung auskommt – und deshalb gerade für Kinder auch komplexere Umweltthemen intuitiv begreifbar macht. So können sich große und kleine Besucher unter anderem mit den unterschiedlichen Lebensräumen der Tiere des Bayerischen Waldes vertraut machen.

Adresse Info-Zentrum 3, 94227 Zwiesel | **Anfahrt** über die B 11 von Regen kommend, am Ortseingang auf der rechten Seite | **Öffnungszeiten** Di–So und an Feiertagen 9.30–16.30 Uhr | **Tipp** In Zwiesel am Thema »Glas« vorbeizukommen, ist nahezu unmöglich. Etliche Galerien und Museen, die örtliche Fachschule und nicht zuletzt auch die aus 93.665 Kristallgläsern gebaute Pyramide zeugen von der immer noch großen Bedeutung dieses Werkstoffes für die Region.

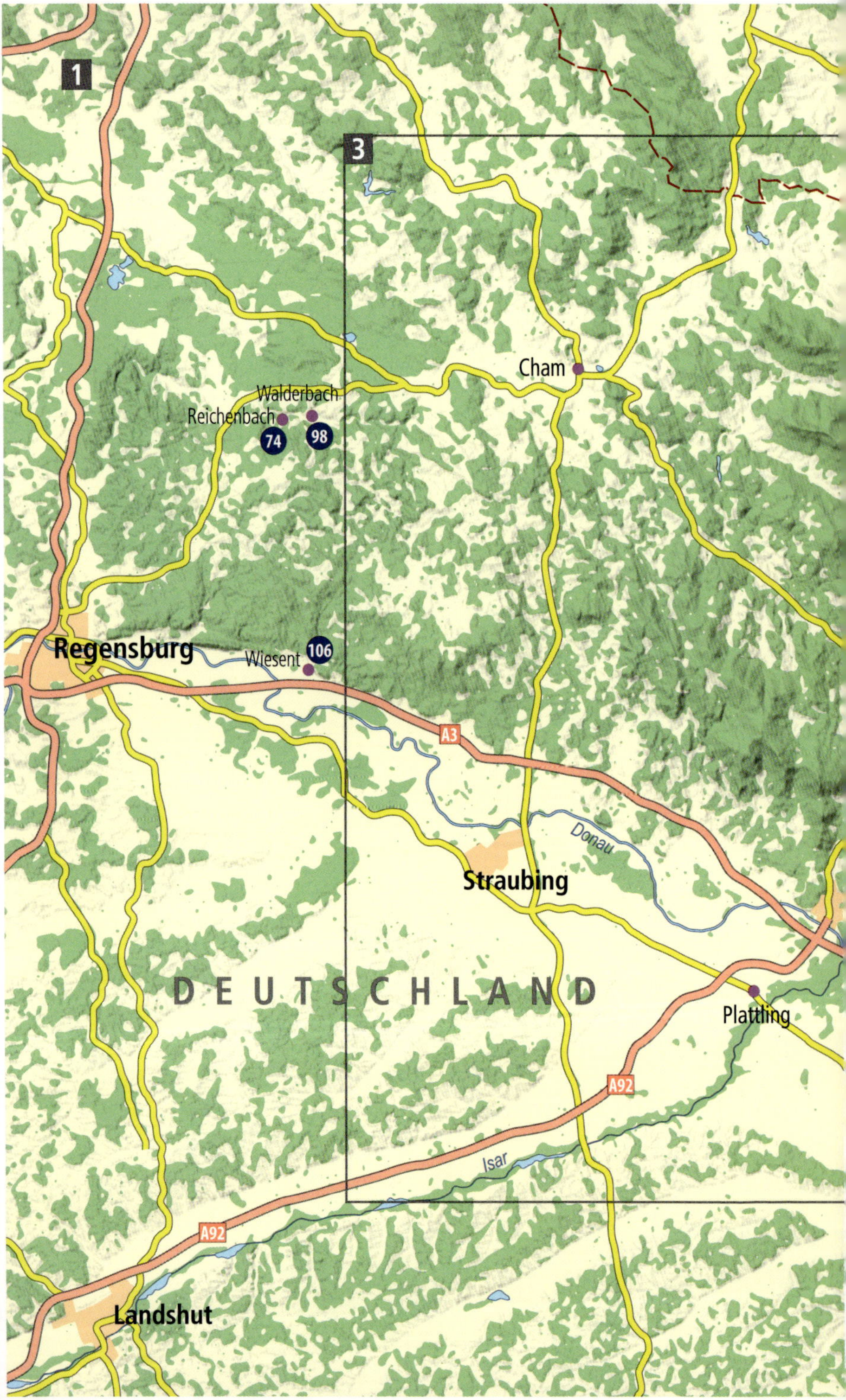

1
3
Cham
Walderbach
Reichenbach
74
98
Regensburg
106
Wiesent
A3
Donau
Straubing
DEUTSCHLAND
Plattling
A92
Isar
A92
Landshut

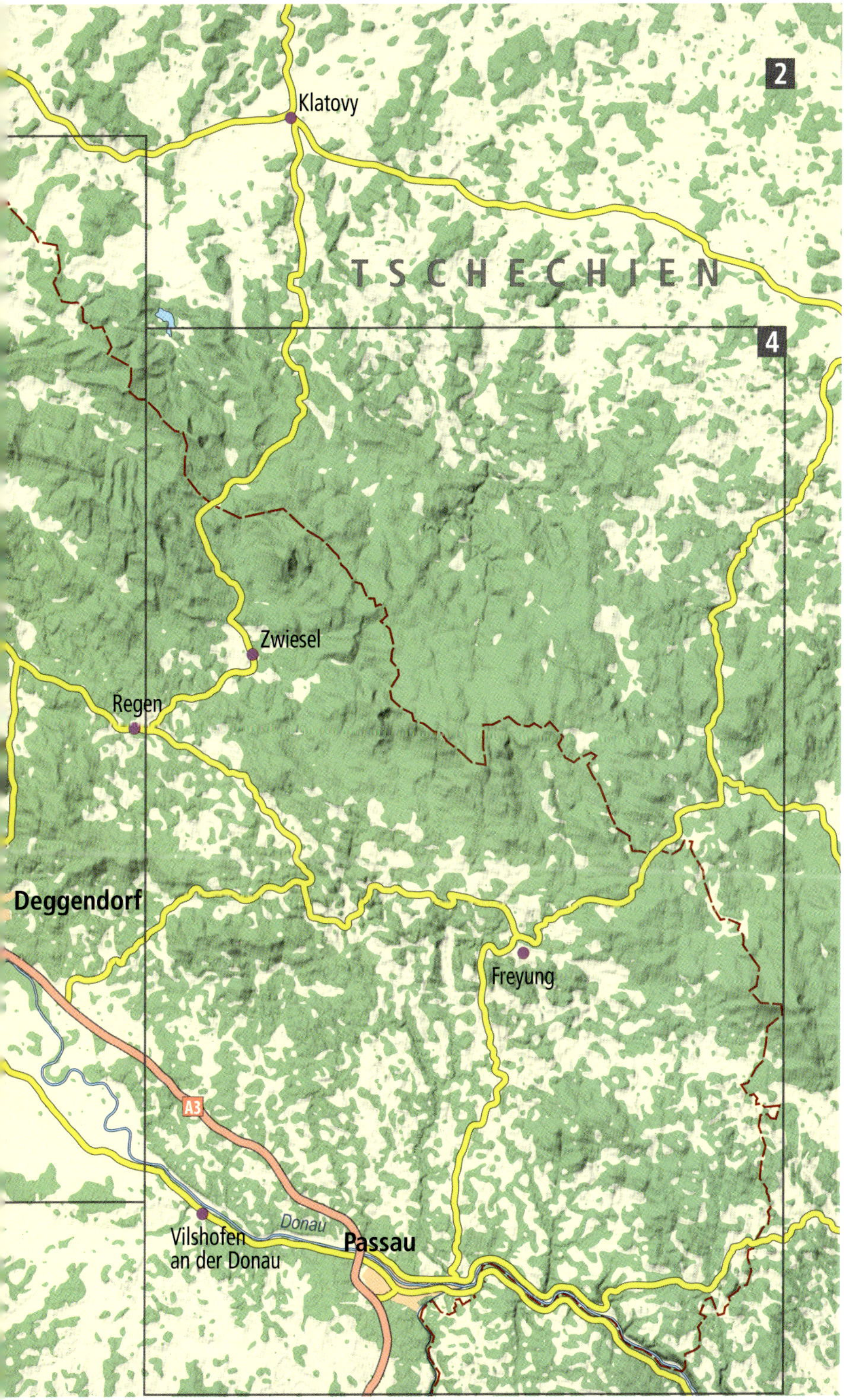
2
Klatovy
TSCHECHIEN
4
Zwiesel
Regen
Deggendorf
Freyung
A3
Donau
Vilshofen an der Donau
Passau

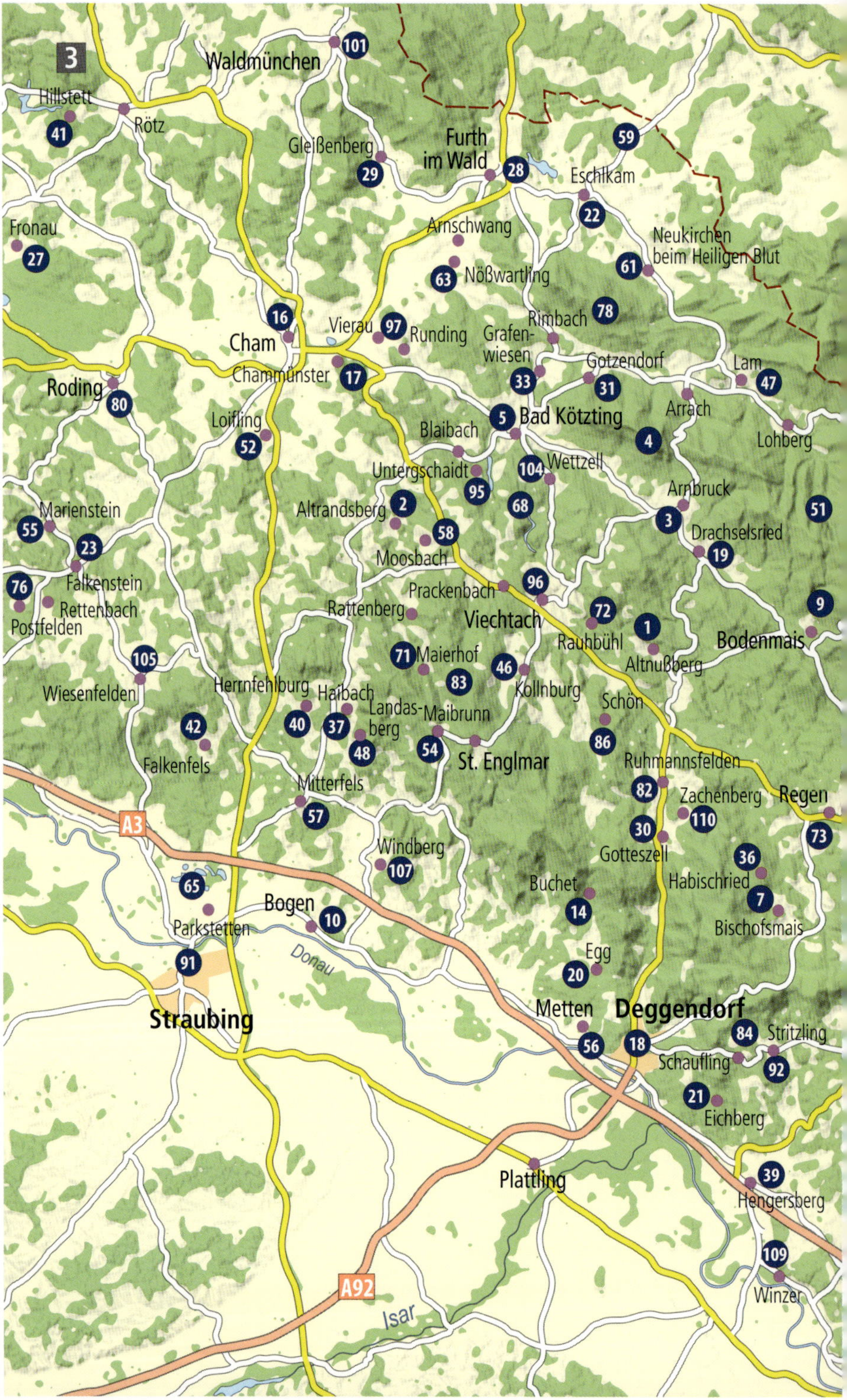
3
Waldmünchen
Hillstett
Rötz
Gleißenberg
Furth im Wald
Eschlkam
Fronau
Arnschwang
Nößwartling
Neukirchen beim Heiligen Blut
Rimbach
Cham
Vierau
Runding
Grafenwiesen
Gotzendorf
Lam
Chammünster
Roding
Bad Kötzting
Arrach
Lohberg
Loifling
Blaibach
Wettzell
Untergschaidt
Arnbruck
Marienstein
Altrandsberg
Drachselsried
Moosbach
Falkenstein
Prackenbach
Rettenbach
Postfelden
Rattenberg
Viechtach
Rauhbühl
Bodenmais
Altnußberg
Maierhof
Wiesenfelden
Herrnfehlburg
Haibach
Kollnburg
Schön
Landasberg
Maibrunn
Falkenfels
St. Englmar
Ruhmannsfelden
Mitterfels
Zachenberg
Regen
A3
Windberg
Gotteszell
Habischried
Buchet
Bogen
Bischofsmais
Parkstetten
Donau
Egg
Straubing
Metten
Deggendorf
Stritzling
Schaufling
Eichberg
Plattling
Hengersberg
A92
Winzer
Isar

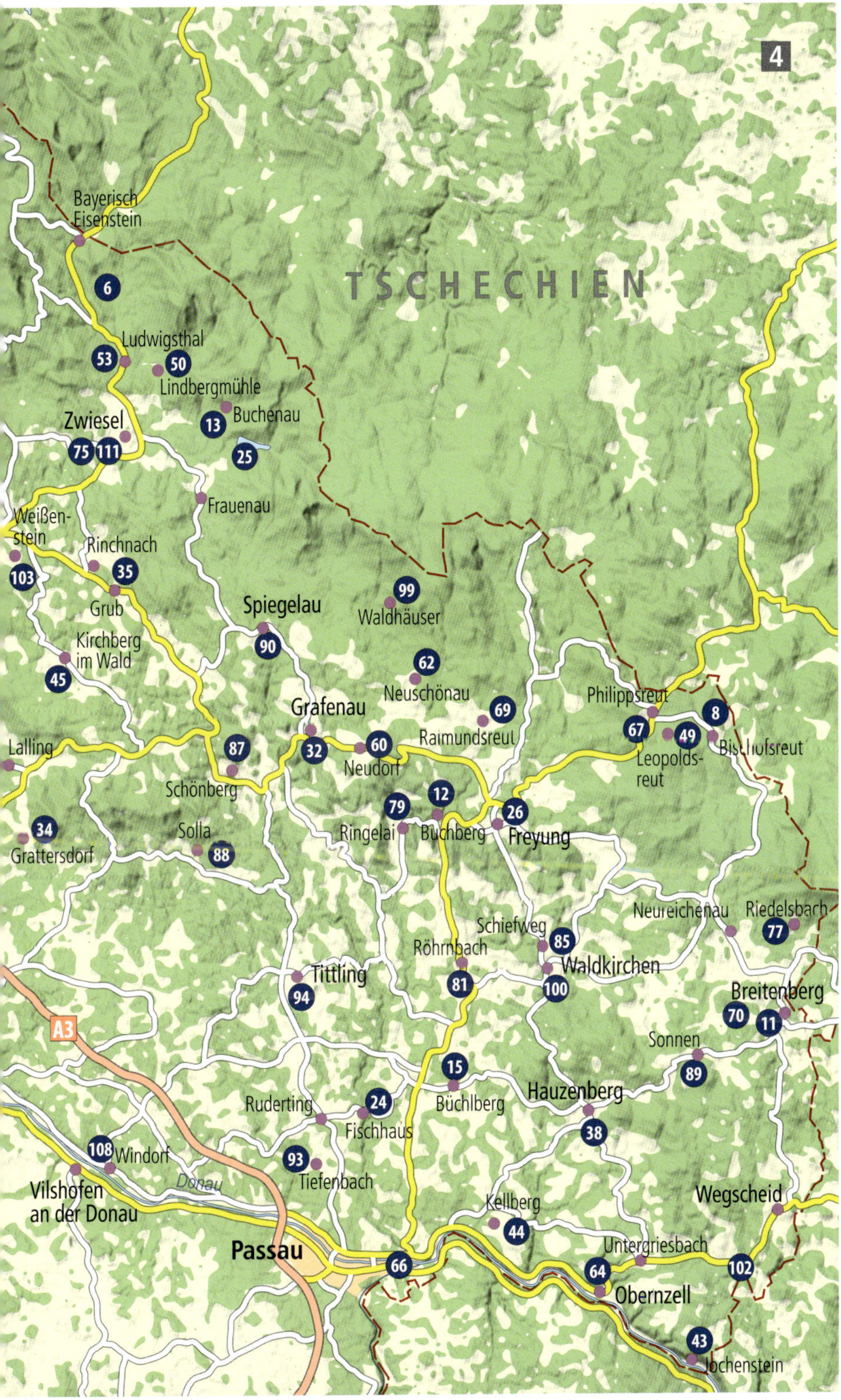
4
TSCHECHIEN
Bayerisch Eisenstein
6
Ludwigsthal
53
50
Lindbergmühle
Buchenau
13
Zwiesel
75
111
25
Frauenau
Weißen-stein
Rinchnach
35
103
Grub
Spiegelau
99
Waldhäuser
90
Kirchberg im Wald
45
62
Neuschönau
69
Raimundsreut
Grafenau
Philippsreut
8
67
49
Leopolds-reut
Bischofsreut
Lalling
87
32
60
Neudorf
Schönberg
12
79
Ringelai
Buchberg
26
Freyung
34
Grattersdorf
Solla
88
Neureichenau
Riedelsbach
77
Schiefweg
85
Röhrnbach
Waldkirchen
Tittling
94
81
100
Breitenberg
70
11
A3
Sonnen
89
15
Hauzenberg
Ruderting
24
Büchlberg
Fischhaus
38
108
Windorf
93
Tiefenbach
Donau
Vilshofen an der Donau
Kellberg
Wegscheid
44
Passau
Untergriesbach
66
64
102
Obernzell
43
Jochenstein

Rüdiger Liedtke
111 Orte auf Mallorca, die man gesehen haben muss
ISBN 978-3-89705-975-7

Susanne Thiel
111 Orte in Madrid, die man gesehen haben muss
ISBN 978-3-95451-118-1

Ralf Nestmeyer
111 Orte in der Provence, die man gesehen haben muss
ISBN 978-3-95451-094-8

Peter Eickhoff
111 Orte in Wien, die man gesehen haben muss
ISBN 978-3-89705-969-6

Stefan Spath
111 Orte in Salzburg, die man gesehen haben muss
ISBN 978-3-95451-114-3

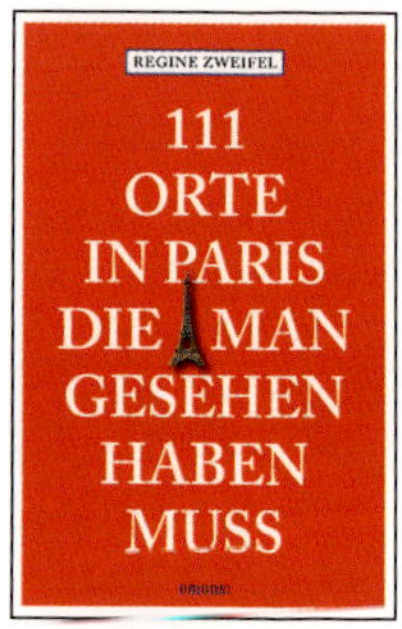

Regine Zweifel
111 Orte in Paris, die man gesehen haben muss
ISBN 978-3-89705-823-1

Dirk Engelhardt
111 in Barcelona, die man gesehen haben muss
ISBN 978-3-95451-066-5

John Sykes
111 Orte in London, die man gesehen haben muss
ISBN 978-3-95451-117-4

Annett Klingner
111 Orte in Rom, die man gesehen haben muss
ISBN 978-3-95451-219-5

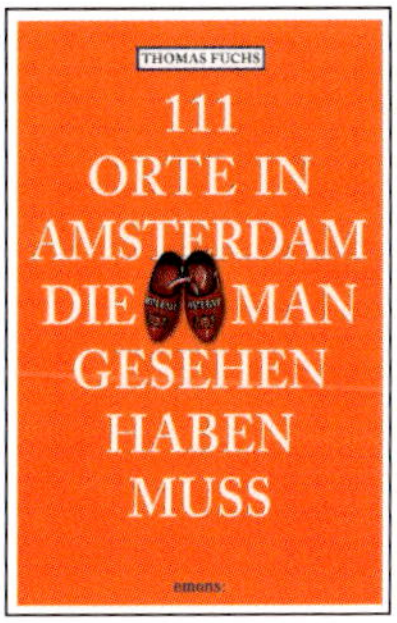

Thomas Fuchs
111 Orte in Amsterdam, die man gesehen haben muss
ISBN 978-3-95451-209-6

Stefan Spath, Gerald Polzer
111 Orte im Salzkammergut, die man gesehen haben muss
ISBN 978-3-95451-231-7

Christiane Bröcker, Babette Schröder
111 Orte in Stockholm, die man gesehen haben muss
ISBN 978-3-95451-203-4

Sabine Gruber, Peter Eickhoff
111 Orte in Südtirol, die man gesehen haben muss
ISBN 978-3-95451-318-5

Marcus X. Schmid
111 Orte in Istanbul, die man gesehen haben muss
ISBN 978-3-95451-333-8

Alexander Barth
111 Orte in Aachen und der Euregio, die man gesehen haben muss
ISBN 978-3-89705-931-3

Lucia Jay von Seldeneck, Carolin Huder, Verena Eidel
111 Orte in Berlin, die man gesehen haben muss
ISBN 978-3-89705-853-8

Peter Eickhoff
111 Düsseldorfer Orte, die man gesehen haben muss
ISBN 978-3-89705-699-2

Bernd Imgrund
111 Kölner Orte, die man gesehen haben muss
Band 1
ISBN 978-3-89705-618-3

Daniela Bianca Gierok
und Ralf H. Dorweiler
111 Orte im Schwarzwald, die man gesehen haben muss
ISBN 978-3-89705-950-4

Barbara Goerlich
111 Orte auf der Schwäbischen Alb, die man gesehen haben muss
ISBN 978-3-89705-948-1

Lucia Jay von Seldeneck,
Carolin Huder, Verena Eidel
111 Orte in Berlin, die Geschichte erzählen
ISBN 978-3-95451-039-9

Stefanie Jung
111 Orte in Mainz, die man gesehen haben muss
ISBN 978-3-95451-041-2

Gabriele Kalmbach
111 Orte in Stuttgart, die man gesehen haben muss
ISBN 978-3-95451-004-7

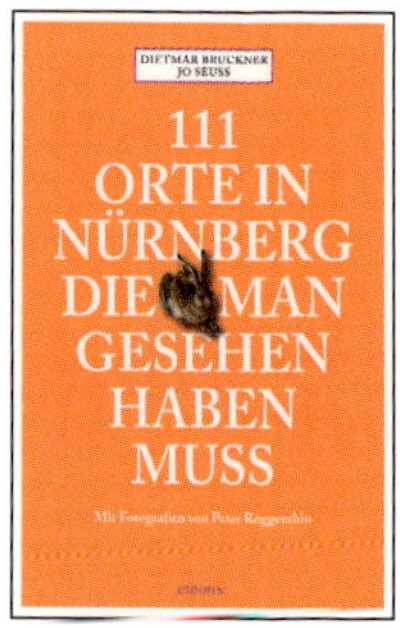

Dietmar Bruckner, Jo Seuß
111 Orte in Nürnberg, die man gesehen haben muss
ISBN 978-3-95451-042-9

Ulf Annel
111 Orte in Erfurt, die man gesehen haben muss
ISBN 978-3-95451-022-1

Oliver Schröter
111 Orte in Sachsen, die man gesehen haben muss
ISBN 978-3-95451-021-4

Reiner Vogel
111 Orte in Regensburg, die man gesehen haben muss
ISBN 978-3-95451-054-2

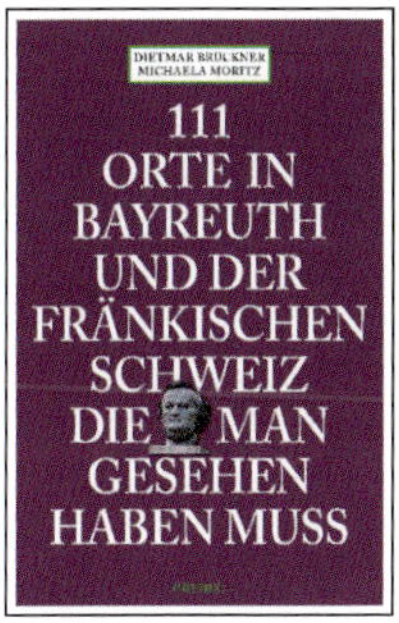

Dietmar Bruckner und Michaela Moritz
111 Orte in Bayreuth und der Fränkischen Schweiz, die man gesehen haben muss
ISBN 978-3-95451-130-3

Christina Kuhn und Christian Löhden
111 Orte in der Pfalz, die man gesehen haben muss
ISBN 978-3-95451-085-6

Monika Salchert
111 Museen in NRW, die man gesehen haben muss
ISBN 978-3-95451-107-5

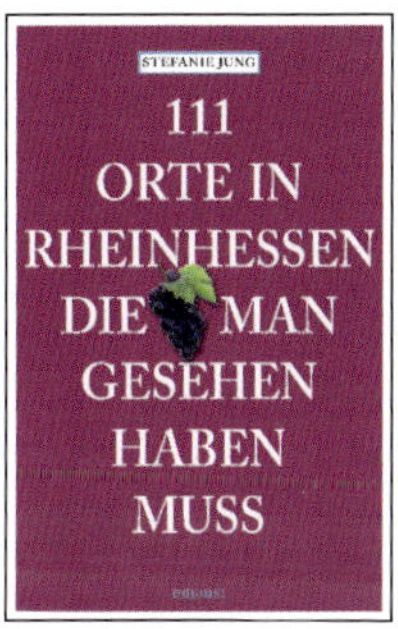

Stefanie Jung
111 Orte in Rheinhessen, die man gesehen haben muss
ISBN 978-3-95451-082-5

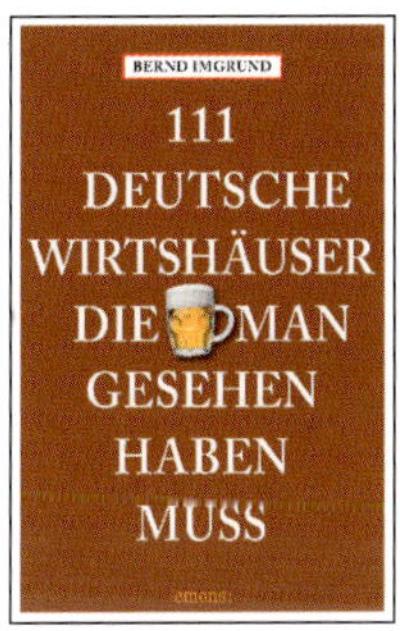

Bernd Imgrund
111 deutsche Wirtshäuser, die man gesehen haben muss
ISBN 978-3-95451-080-1

Cornelia Kuhnert
111 Orte in Hannover, die man gesehen haben muss
ISBN 978-3-95451-086-3

Dietlind Castor
111 Orte am Bodensee, die man gesehen haben muss
ISBN 978-3-95451-063-4

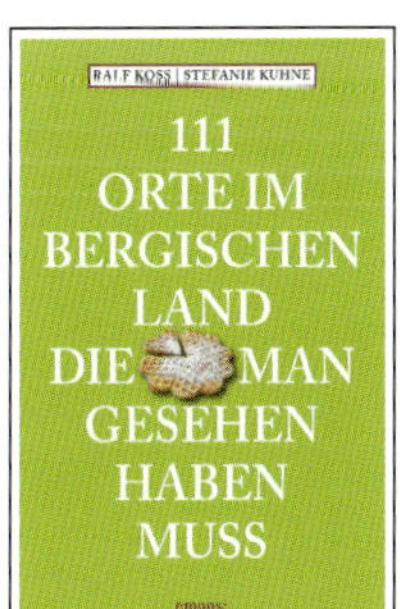

Ralf Koss und Stefanie Kuhne
111 Orte im Bergischen Land, die man gesehen haben muss
ISBN 978-3-95451-027-6

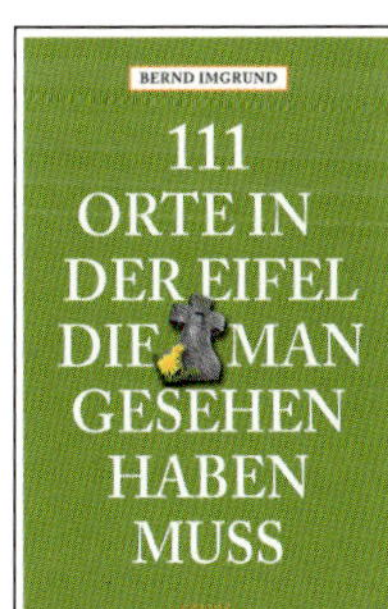

Bernd Imgrund
111 Orte in der Eifel, die man gesehen haben muss
ISBN 978-3-95451-003-0

Bildnachweis

Alle Fotos von Marko Roeske, außer
S. 10: Foto Weber, Bodenmais; S. 16: Tourist-Information Arrach; S. 20: Rosemarie Zoglauer, Tourist-Info Bayerisch Eisenstein; S. 26: Tourismus-Information Bodenmais; S. 34: Rupert Peter; S. 36: Thomas Gstettenbauer, Wild-Berghof Buchet; S. 38: Firma Abel, Aidenbach, www. film-luftbild.de; S. 46: Glasgalerie Herrmann; S. 50: Gut Aiderbichl; S. 58: Vinzenz Ritter, Wasserwirtschaftsamt Deggendorf; S. 64: Wildgarten Furth im Wald; S. 68: Wanderbahn im Regental e. V.; S. 76: Bild oben: fotolia.com/superfood; Bild unten: Nina Wenig, Grattersdorf; S. 80: Touristikinformation Bischofsmais; S. 92: Puppentheater Karotte, Falkenfels; S. 94: Bild oben: VERBUND AG, Wien; S. 110: Ulrike Huber, Lohberg; S. 112: Hofmark Brauerei Loifling; S. 114: Sylvia Hett-Strauch; S. 132: Die Erlebnis AKADEMIE AG; S. 138: Christian Pfeilschifter, Parkstetten; S. 150: Wilfried Sträußl/Gasthof Hotel Dilger, Rattenberg; S. 154: Sigrid Schiller-Bauer, www.regenobjektiv.de; S. 160: Markt Falkenstein; S. 162: 1. Bier- und Wohlfühlhotel Gut Riedelsbach; S. 164: Claus Wietek, www.waldberge.de; S. 174: Franz-Xaver Six, Maibrunn; S. 226: Sternwarte Winzer

Der Autor

Marko Roeske, Jahrgang 1973, lebt und arbeitet als freier Lektor und Autor am Rande des Bayerischen Waldes. Nach längeren Stationen im Allgäu und in Franken beendete der gebürtige Bayerisch-Schwabe seine ganz persönliche Lebensreise durch den Freistaat vorerst in Niederbayern – nicht ohne vorher noch eine Oberpfälzerin zu heiraten. Er spricht und schreibt trotz alledem Hochdeutsch.